참
 아름다운
  당신

참
　아름다운
　당신

2017년 11월 20일 개정판 펴냄

지은이 공선옥, 김중미, 도종환, 박정애, 복효근, 송영, 이기호,
　　　 이명랑, 이병천, 전성태, 정우영, 최명란, 한상준
펴낸이 신명철
편집 윤정현
영업 박철환
관리 이춘보
디자인 최희윤
펴낸곳 (주)우리교육
등록 제 313-2001-52호
주소 03993 서울특별시 마포구 월드컵북로 6길 46
전화 02-3142-6770
팩스 02-3142-6772
홈페이지 www.uriedu.co.kr

ⓒ도종환 외, 2009
ISBN 978-89-8040-927-9 03810

*이 책의 내용을 쓰고자 할 때는 저작권자와 출판사의 서면 허락을 받아야 합니다.
*잘못된 책은 구입하신 서점에서 바꾸어 드립니다.
*책값은 뒤표지에 있습니다.

이 도서의 국립중앙도서관 출판예정도서목록(CIP)은
서지정보유통지원시스템 홈페이지(http://seoji.nl.go.kr)와
국가자료공동목록시스템(http://www.nl.go.kr/kolisnet)에서 이용하실 수 있습니다
(CIP제어번호:2009003509)

참 아름다운 당신

도종환 외 지음

우리교육

차례

정을 전달하는 집배원 • 도종환 6

일주일치 행복을 충전해 주는 분식 트럭 • 이명랑 18

모든 농부는 세상 모두의 아버지다 • 공선옥 34

삶을 깨우쳐 주는 만석동 천연기념물 • 김중미 50

파랑새가 깃들어 고목나무가 된 완벽주의자 노가다 • 박정애 70

몸으로 뛴 사람만이 지을 수 있는 나른한 미소 • 이기호 88

머리보다 먼저 깨어, 머리를 지켜 온 목수 화가의 손 · 전성태　110

그에게서는 나무 향기가 난다 · 이병천　132

복덕방, 삶의 유쾌한 나날이 스며 있는 도심의 숲 · 정우영　152

험난함을 스스로 포용한 바닷사람의 염결한 꿈 · 한상준　172

소리를 아는 사람은 모두 '가족' · 송영　194

햇빛을 보고 그늘을 생각하는, 숯을 닮은 사람 · 최명란　210

자신을 발견한 것이 너무 기뻐 멈출 수 없다 · 복효근　228

정을 전달하는 집배원

도종환

"선생님 계세요?"

머리를 감기 위해 윗옷을 벗으려다가 밖을 내다보니 집배원이 우편물을 들고 웃으며 서 있습니다.

"들어오세요."

"아직 우편물이 남아서요."

"그래도 잠깐 들어오세요. 차 한잔 하고 가세요."

제가 자꾸 붙잡는 바람에 신발 끈을 풀며 안으로 들어오는 이 분은 보은우체국 길만영 집배원입니다.

제가 방울토마토를 씻고 차를 끓이는 동안 주머니에서 부스럭거리며 무언가를 꺼내 놓습니다. 사탕입니다.

"웬 사탕이에요?"

"그냥요. 아이들 주려고요."

"아이들 만나면 사탕도 주고 그러세요?"

"인사 잘 하는 아이들을 만나면 칭찬하면서 하나씩 줘요. 그러면 다음에 갈 때는 더 큰 소리로 인사해요. 저희는 매일 학교에 들르잖아요."

길만영 집배원이 탁자에 내어놓는 사탕이 참 예쁩니다. 분홍색, 주황색, 연두색 눈깔사탕입니다. 너무 예뻐서 먹지 못하고 봉지를 만지작거립니다.

"옛날에는 우체부라고 불렀잖아요. 지금은 우체부라고 안 부르는가 봐요?"

"네, 한 십여 년 됐어요. 집배원이라고 바꾼 지가."

"그래요?"

"배달이라는 말도 집배라고 바뀌었고요."

"그러고 보니까 우편배달부, 우체부 이렇게 부르는 말이 어딘가 낮추어 부르는 느낌이 드는 말 같네요. 간호사도 옛날엔 간호부라고 부르다 간호원으로 바꾸었다가 지금은 간호사라고 부르잖아요. 우체부, 집배원, 부가 원으로 바뀐 거네요."

"배달이라는 말도 처음엔 자조적으로 들려서 자장면 배달하는 사람들과 모임 같이 하자는 말도 있었어요. 당신들도 배달이고 우리도 배달이지 않냐, 그렇게 우스갯소리를 하기도 했죠. 그러던 걸 집배로 바꾼 거예요. 배달하는 내용이 다르기도 하지만 전달하는 의미도 다르지요. 요즘은 집배라는 말을 써요."

저는 충청북도 보은군 내북면 법주리에 살고 있습니다. 제가 있는 곳은 동네에서도 뚝 떨어진 산속 외딴 황토집입니다. 저 있는 곳까지 오려면 포장되지 않은 산골길을 넘어와야 합니다. 저는 몸이 조금 안 좋아 몇 해 전부터 여기 들어와 지내고 있습니다.

낮에는 찾아오는 사람도 없고 바람 소리 새소리만 들리는 곳입니다. 그런데 가끔 우편물을 들고 찾아오는 사람이 있습니다. 그분이 바로 길만영 집배원입니다. 전기 요금 고지서 한 장을 전달하기 위해 어떤 날은 눈길을 헤치며 산을 넘어오고 어떤 날은 귀가 떨어져 나갈 것 같은 찬 바람을 맞으며 오솔길을 달려옵니다. 미안하기 그지없습니다. 전화 요금이 자동 납부되었다는 통지서 한 장을 전하기 위해 빗길을 오토바이를 타고 오고 책 한 권이나 음반 한 장을 가져다주기 위해 적막한 고개를 넘어옵니다.

한전의 검침원은 눈이 내려 검침을 나오기가 나쁘고 고지서를 전달하기 어려울 때 우표를 붙여 우체통에 넣으면 이런 곳까지 오지 않아도 됩니다. 그러나 집배원은 우표가 붙은 우편물이면 어느 것이든 들고 옵니다. 제가 집에 없으면 전화를 해서 우편물을 가져왔다고 알려 줍니다. 그러면서 싫은 내색 한 번 하는 걸 보지 못했습니다. 언제나 밝은 표정, 웃는 얼굴입니다. 시원시원한 걸음걸이로 문 앞까지 와 친절한 태도로 우편물을 전해 주고 갑니다.

너무 고맙고 미안해서 방에 들어오라고 해 차를 대접하면서 이야기를 나누다가 이분이 참 훌륭한 분이라는 걸 알게 되었습니다. 우편물을 배달하면서 산골짝을 넘어 다녀서인지 산삼이 있는 곳을 용케도 잘 찾아냅니다.

"낙엽송이 쭉쭉 벋어 있는 산속 그늘진 곳, 그런 곳에 산삼이 있어요. 잎은 다섯 개인데요, 두 개씩 대칭으로 나고 하나는 가운데 나 있어요. 오갈피 잎하고 비슷하게 생겨서 처음엔 구분이 잘 안 돼요. 까마귀가 산삼 열매를 먹으면 몸에 열이 나서 높은 가지로 올라가 배설을 한대요. 그 배설물 속에 섞여 있던 씨앗이 땅에 떨어져 싹이 트고 자라기 때문에 키 큰 낙엽송들이 모여 있는 곳에 산삼이 있어요. 산삼뿐만 아니라 더덕이나 약초들도 많지요."

형이 지내기 어려워하는 할머니 제사를 자기가 지내고 난 다음 날 꿈에 할머니가 보이더니 산삼을 캤다고 하는데, 제가 보기엔 길만영 집배원 마음이 착해서 산삼이 눈에 잘 뜨이는 것 같습니다. 산신령님이 선한 삶을 사는 것을 보고 선물로 주시는지도 모르겠습니다. 제가 이렇게 말하는 데는 이유가 있습니다. 그동안 캔 산삼이 한 칠십 뿌리 정도 된답니다. 넉넉하지도 않은 집배원 봉급에 산삼을 발견하면 당연히 그걸 팔아 집안 살림에 보태고자 할 텐데 이분은 그리하지 않습니다. 이분은 그 산삼을 이웃에 사시는 분들께 드려 왔습니다. 암에 걸린 분들께도 갖다 드리고 풍을 맞아 쓰러진 노인께도 갖다 드립니다. 해소 천식으로 고생하시는 분이 계시면 그런 분들께도 드리고 대학 병원 응급실에도 열 뿌리나 드렸답니다. 물론 제가 몸이 안 좋은 걸 알고는 제게도 가져왔습니다. 그동안 캔 산삼 칠십여 뿌리를 거의 다 중병으로 고생하시는 이웃 어른들과 노인들께 드렸다고 합니다. 세상에 이런 착한 분이 어디 있습니까.

 저한테 우편물을 가지고 산을 넘어오다가 오갈피 열매가 있으면 따 가지고 옵니다. 그리고 이게 어디에 좋고 어떻게 먹어야 하는지 자세하게 알려 주고 갑니다. 여름엔 연보랏빛 칡꽃을 따 가지고 와서는 설탕에 재워서 먹는 방법을 알려 줍니다. 제게 배달하기 위해 가져오는 물품을 살펴보다가 아무래도 가짜 영양 식

품을 속아서 산 것 같으면 그게 왜 가짜인지, 다른 동네 노인들이 어떻게 낭패를 보았는지를 알려 줍니다.

정해진 코스를 돌면서 우편물을 배달하려면 늘 시간에 쫓길 것이 분명합니다. 주어진 일을 책임 있게 처리하기 위해서는 시간에 쫓기고 정신적인 여유도 없을 겁니다. 그런데 집배를 다니다가 우편물 주인한테 좋은 산야초 열매가 눈에 띄었다고 해서 타고 가던 오토바이를 멈춰 세우기란 쉽지 않은 일입니다. 그냥 주어진 업무만 처리한다고 해서 탓할 사람이 아무도 없습니다. 그러나 길만영 집배원은 일에다 인간적인 배려와 정까지 보태서 전달합니다. 그러니 어찌 오토바이 소리만 들어도 반갑지 않을 수 있겠습니까. 산골짝까지 차를 몰고 왔다가 차가 빠져서 전전긍긍하고 있으면 오토바이를 세우고 차를 밀어 주거나 운전석에 올라가 차를 빼 줍니다. 집배원들이 얼마나 바쁘게 일해야 하는지를 알기 때문에 고마움은 몇 배 더 큽니다.

혼자 사시는 할머니들이 많은 산골인지라 노인들이 면 소재지로 약을 사러 가기도 쉽지 않습니다. 그러면 할머니들 약도 사다 드립니다. 우편물도 집에서 받아다 부쳐 드리고 잔돈은 다음 배달 올 때 영수증하고 같이 가져다 드립니다. 저도 지난번에 등기로 부칠 우편물이 있어서 부탁드렸더니 다음에 올 때 영수증하고 잔돈 일천구십 원을 작은 비닐봉지에 넣어서 가져다주는 겁니다. 바쁜 농사철에는 산골 어른들께 농약도 사다 드리고 보호시설에 계시는 노인들께는 그분들 앞으로 온 편지도 읽어 드립니다. 성암안식원이라는 양로원이 이 근처에 있는데 거기 계시는 노인들을 위해 화장지나 음식물을 사다 드리는 심부름도 하고 봉사도 몇 년째 하고 있다는 얘기도 들었습니다. 이렇게 노인들을 위해 봉사하는 모습이 방송에 보도되기도 했다고 합니다. 그리고 그런 활동을 하는 것도 남모르게 하지만 상을 받는 경우에도 아무에게도 알리지 않고 집배 나갔다가 잠깐 들러 상을 받고는 다시 일을 했기 때문에 직장에서조차 몰랐다고 합니다.

　요즘 이런 젊은 분을 만나기가 쉽지 않습니다. 모두들 살기 바빠서 지금 자기가 맡고 있는 일 이외의 것에 눈 돌릴 여유가 없습니다. 더구나 자기가 하는 일에 인간적인 마음을 쏟는다는 건 쉬운 일이 아닙니다. 누가 시켜서 하는 것도 아니고 나 잘한다고 떠들고 다니는 것도 아니고, 누가 보나 안 보나 그저 생활의 한 방편으로 착한 일을 합니다. 착한 심성이 얼굴에 배어 있습니다.

대부분의 교사와 학부모와 학생이 돈 잘 벌고 권력을 잡을 수 있는 직업을 선호하는 세상입니다. 그러나 생각해 보면 직업이라는 것이 우리 삶의 수단이지 목표는 아닙니다. 그 직업을 통해 일을 하고 돈을 법니다. 그러나 돈을 버는 것이 목표가 아니라 돈을 벌어서 행복하게 살고자 하는 것이 목표입니다. 권력이 있는 자리, 큰소리치며 살 수 있는 힘 있는 직업을 가지려고 하는 것도 그런 직업을 가지면 인생이 행복할 것이라고 믿기 때문입니다. 그래서 우리가 하고 있는 일이 진정 나를 행복하게 하고 있는가, 일을 하면서 기쁘고 보람을 느끼는가 자신에게 물어보아야 합니다. 그런 직업을 선택해야 합니다. 그 일이 내가 하고 싶은 일이고 일을 하면서 신이 나고 활기에 넘치며 즐거워야 합니다. 그렇지 않다면 아무리 많은 돈을 벌고 권력을 행사해도 행복하게 사는 게 아닙니다. 어떻게 많은 것을 누리고 쌓으며 사느냐 하는 것보다 더 중요한 것이 어떻게 가치 있게 사느냐 하는 것이고, 어떤 사회적 신분을 가진 사람이 되느냐보다 더 중요한 것이 어떻게 사람답게 사느냐 하는 것입니다.

길만영 집배원은 경제적으로는 넉넉하지 않을지 모릅니다. 그러나 마음은 부자일 겁니다. 많이 가진 사람이 부자가 아니라 가진 것을 많이 나눌 줄 아는 사람이 부자라고 합니다. 그런 면에서 길만영 집배원만큼 마음이 부자인 사람도 없을 겁니다.

힘들지 않은 직업은 없습니다. 몇 달 몇 년 일하다 자주 직장을 바꾸는 게 요즘 젊은이들의 일반적인 세태라고 합니다. 조금이라도 나아 보이는 직업이 있으면 미련 없이 바꿉니다. 연봉이 조금 더 많다 싶으면 바로 직장을 옮기는 게 보편화되어 간다고 합니다. 그러나 주어진 일을 즐겁게 하는 태도가 돈보다 더 중요하다고 저는 생각합니다. 자기가 하는 일에서 보람을 느끼며 사는 일이 편하게 사는 것보다 더 중요하다고 생각합니다. 매일 비슷하게 반복되는 일을 하는 게 직장 일이지만 그 일을 수동적으로 습관적으로 되풀이하는 것이 아니라, 일을 하는 동안 어떻게 하면 조금 더 즐거울까, 어떻게 하면 창의적이고 생산적일까, 어떻게 하면 나도 보람을 느끼고 남에게도 유익할까를 생각하면서 일을 하는 것이 중요합니다.

길만영 집배원처럼 비가 오나 눈이 오나 오토바이를 타고 나가는 일이 왜 힘들지 않겠습니까. 그러나 그는 항상 웃음을 잃지 않습니다. 찡그리는 걸 별로 보지 못했습니다. 그의 웃음은 옆 사람에게 전염이 되어, 같이 웃는 얼굴로 서로를 대하게 됩니다. 기쁨을 주고 즐거움을 주는 집배원으로 산골 동네를 누비고 다니는 사람, 자기도 가난하면서 병들고 어려운 사람을 더 생각하는 그 마음이 보살의 마음 같습니다. 하느님도 길만영 집배원이 하는 일을 다 보고 계실 겁니다. 오늘도 붕붕거리는 집배원의 오토바이 소리를 다 듣고 계시리라 생각합니다.

길만영 집배원은 이번 달이 아주 기쁜 달이라고 합니다. 자기

생일도 이번 달이고 아내의 생일도 이번 달이고 어머니 아버지 칠순도 이번 달인데, 체신봉사상 본상을 받게 되어 부상으로 받은 상금 몇 십만 원을 부모님 칠순 잔치에 보낼 수 있어서 참 기쁘다는 겁니다. 그러면서 겸연쩍게 웃는 그 얼굴에 행복이 잔잔하게 번집니다. 특별한 직업을 가져야 행복해지는 게 아닙니다. 어떤 직업을 갖든 자기가 하는 일에서 보람과 기쁨을 느낄 수 있어야 인생이 행복해지는 겁니다. 길만영 집배원은 우리에게 그걸 가르쳐 주고 있습니다.

도종환
문화체육관광부 장관. 1954년 충북 청주에서 태어났다. 교사의 길과 시인의 길을 함께 걸어오다 충북 보은군 산속에서 작품 활동을 했다. 펴낸 책으로는 시집 《고두미 마을에서》,《접시꽃 당신》,《사람의 마을에 꽃이 진다》,《부드러운 직선》,《해인으로 가는 길》 등과 산문집 《그때 그 도마뱀은 무슨 표정을 지었을까》,《사람은 누구나 꽃이다》,《그대 언제 이 숲에 오시렵니까》, 동화 《나무야, 안녕》, 동시집 《누가 더 놀랐을까》 등이 있다.

일주일치 행복을 충전해 주는 분식 트럭

이명랑

　베란다에서 빨래를 널다 말고, 나는 아래를 내려다봤다. 아파트 정문 옆으로 여러 대의 차가 빽빽이 주차되어 있었다. 그러나 내 마음은 왠지 허전했다. 토요일 오후, 놀이터를 가득 메운 아이들의 웃음소리 사이로 간간이 경적 소리가 들려왔다. 그때마다 나는 베란다로 달려 나갔다. 저녁 어스름이 내려앉고, 어둠을 대신하듯 집집마다 환하게 불이 켜지기 시작했다. 나는 베란다에 서서 아래를 내려다보며 무심결에 한숨을 내쉬었다.
　그러니까, 어느새 나는 그녀를 기다리고 있었다.
　토요일 하루가 그렇게 그녀를 기다리는 일에 몽땅 바쳐졌다. 그러나 그녀는 끝내 나타나지 않았다.

"아팠어요."

2주 만에 나타난 그녀가 말했다. 어디가, 얼마나, 어떻게 아팠던 거냐고, 아니, 누가 아팠던 거냐고……, 나는 묻고 싶은 말이 많았다.

"아퍼? 어디가?"

"얼마나 아팠으면 장사를 못 나와?"

다른 사람들이 서로 질세라 내가 묻고 싶은 말을 다투듯 묻기 시작했다.

언제들 알고 나왔는지, 아파트 단지 내에 사는 아줌마들이 그녀와 그녀의 떡볶이 차를 둘러싸고 있었다. 101동에 사는 것만 알고 누구랑 사는지 몇 살인지도 모르지만 하여간 목소리 하나는 엄청나게 커서 나도 얼굴은 익히 알고 있는 할머니 한 분이, 그 큰 엉덩이로 나를 밀쳐 내고 그녀 앞에 바짝 얼굴을 들이밀었을 때는 애인을 뺏긴 것처럼 화도 났다. 생각 같아서는 "아니, 할머니! 내가 먼저 왔는데 왜 늦게 나타난 할머니가 우리 아줌마한테 먼저 말을 붙이고 난리예요?"라고 한마디 쏘아붙이고 싶었다.

"어머머! 지난주에는 왜 안 나오셨어요? 내가 얼마나 기다렸는데……. 아 글쎄, 이번엔 우리 시어머니가 있잖아요……."

나는 나보다 늦게 나타나 그녀에게 먼저 말을 붙인 할머니한테 잔뜩 화가 나 있었다. 그런데 이번엔 또 다른 여자가 그녀와 말을 트는 것이 아닌가!

이런 이런! 그녀의 떡볶이 차로 다가오는 아줌마들의 숫자가 점점 더 많아졌다. 처음엔 선수를 뺏겨서 화가 났지만 나중에는 이러다 그녀와 말 한마디 못하는 것은 아닌가, 불안해지기 시작했다.

나는 몇 걸음 뒤로 물러나 그녀의 떡볶이 차를 바라보았다. 그녀가 나타난 지 10분도 안 되어 이렇게나 많은 사람들이 몰려들다니!

어느새 그녀는 모두가 기다리는 존재가 되어 있었던 것이다.

내가 그녀와 처음으로 이야기를 하게 된 것은 어느 토요일, 늦은 밤이었다. 그전에도 나는 그녀를 알고 있기는 했다. 그녀는 일주일에 한 번 내가 사는 아파트 단지 안으로 떡볶이와 순대를 팔러 오는 '떡볶이 아줌마'였다. 별 관심이 없었기에 무슨 요일에 오는지, 다른 요일에는 어디에서 떡볶이 장사를 하는지, 나는 그녀에 대해 아는 것이 없었다. 그저 지나가다 떡볶이 차가 서 있으면 오뎅이나 한 꼬치 사 먹고 순대나 1인분 포장해 오는 정도였을 뿐이다.

그러나 바로 그 어느 토요일 밤, 그녀가 빗장을 질러 놓았던 내 마음의 문을 '똑똑' 하고 두드렸다.

그날 나는 무척 우울했다. 친정집에서 나와 땅만 내려다보며 걷고 있으려니 벌써 집 앞이었다. 나는 집으로 올라가기가 싫었다. 1층에 서서 훤히 불 밝혀져 있는 우리 집 거실을 올려다보고 있었다. 어쩌면 내 입에서는 한숨 소리가 새어 나왔는지도 모르겠다. 그때 갑자기 등 뒤에서 "여기요, 여기!" 하는 소리가 들려왔다.

돌아보니, 떡볶이 차가 서 있었다. 트럭 위에는 떡볶이, 오뎅, 순대, 일회용 종이컵이며 간장 종지가 어지럽게 흩어져 있었고, 트럭 중앙에는 중년의 여자가 앉아 있었다. 바로 그 떡볶이 아줌마가 국물이 뚝뚝 떨어지는 오뎅 꼬치 하나를 내밀고 있었다, 나를 향해.

"하나 먹어요."

그러나 나는 집에서 도망치듯 달려 나왔기 때문에 지갑은커녕 백 원짜리 동전 하나도 갖고 있지 않았다. 내가 머뭇거리자 그녀는 트럭에서 내려오기까지 했다. 내 등을 떠밀어 억지로 떡볶이 차 앞에 앉혔다. 그러고는 김이 펄펄 나는 오뎅 국물까지 한 잔 그득하게 따라 주는 것이었다.

"이거 한 잔 쭉 들이켜 봐요."

여름이라 날도 더운데 이 뜨거운 걸 쭉 들이켜라니! 내키지 않았지만 그녀가 자꾸 권하는 바람에 나는 할 수 없이 뜨거운 오뎅 국물을 쭈욱 들이켰다. 배 속에 기름을 들이부은 것 같았다. 아마 찔끔 눈물을 흘렸는지도 모르겠다. 국물이 너무 뜨거워서 말이다.

그러나 그녀는 내가 왜 우는지 묻지 않았다. 내가 자리에서 일어날 때는 떡볶이 1인분을 포장해서 내 손에 쥐여 주기까지 했다. 그러고는 떡볶이가 든 비닐봉지를 건네주며 내 손을 잠시 꼭 잡아 주었다. 그 손길이 너무 따뜻해서 하마터면 나는 엉엉 울음을 터트릴 뻔했다. 그러나 그녀와는 모르는 사이가 아닌가?

나는 왠지 창피했다. 그녀에게 고맙다는 말 한마디 하지 않고 그 자리를 도망치듯 빠져나왔다.

그 뒤로 나는 그녀를 의식하기 시작했다. 관심을 갖고 보자, 정말로 그녀가 보이기 시작했다. 그녀가 무슨 요일에 오는지, 몇 시에 와서 몇 시에 가는지, 그녀와 한 번이라도 말을 나눠 본 사람들은 왜 모두 그녀를 좋아하게 되는지, 그녀의 웃음이 왜 그렇게 시리도록 아름다운지……. 그녀의 생生이 내게로 스며들기 시작했다.

그녀에게는 아들이 한 명 있다. 그녀의 하나밖에 없는 아들은 다운증후군이다. 얼굴이 둥글납작하고 양 눈 사이가 멀어서 한눈에 봐도 다운증후군이라는 것을 알 수 있다. 아이는 그녀의 떡볶이 차 옆에 앉아 있거나, 지나가는 아이들에게 말을 걸고는 대꾸도 않는 그 아이들을 향해 손을 흔들며 뛰어갔다 되돌아오거나 한다. 저 혼자서 웃거나 울기도 한다. 덩치로 보면 고등학생은 되어 보이는데, 그 표정은 영락없는 세 살배기 아이의 것이다. 그

순진무구한 표정에 나는 깜짝깜짝 놀라곤 했다.

그 아이에 대해 나는 궁금한 것이 참 많았다. 다른 아이들보다 지능이 낮은 아이, 다른 아이들보다 산만한 아이……. 내가 그 아이에 대해 궁금한 것들에는 반드시 '다른 아이들보다'라는 수식어가 앞에 달려 있었다. 내 눈에는 다른 아이들보다 무엇이든 떨어져 보이는 그 아이를 그녀는 그냥 그 또래의 아이로만 보는 것이었다.

"작년에 우리 애한테 사춘기가 왔었잖아. 아빠가 있으면 목욕탕에 데리고 가서 이런저런 얘기도 해 주고 성교육도 자연스럽게 해 줬을 텐데……. 누가 그러더라. 그럴 땐 윽박지르고 야단치고 그러지 말고 아이 방에 크리넥스 휴지를, 그것도 아주 부드러운 걸로 한 상자 놔두라고. 그런데 나는 그게 또 괜히 어색한 거야."

그녀는 아들에게 찾아온 사춘기를 걱정했다. 그러면서 한마디 덧붙였다. 그래도 저 아이에게 찾아온 사춘기를 걱정하게 되다니, 이 얼마나 고마운 일이냐고.

집에서 살림만 했다는 그녀는 아이가 돌이 되기도 전에 혼자가 되었다. 평범한 회사원이었다는 그녀의 남편은 어이없게 죽었다. 회식이 끝나고 술 취한 상관을 위해 택시를 잡아 주려다 그만 달려오는 승용차에 치여 그 자리에서 즉사했다. 승용차에 타고 있던 운전사는 만취한 상태였다.

그 밤 이후로 그녀의 삶은 그녀가 소녀였을 때 꿈꾸던 삶과는 전혀 다른 방향으로 흘러갔다. 그녀는 일을 하기 위해 아이를 맡길 곳을 찾아다녔다. 그러나 다운증후군인 아이를 선뜻 맡아 주려는 곳은 없었다. 다운증후군 아이는 고개를 가누는 것도, 기는 것도, 걷는 것도 다른 아이들보다 늦었다. 다른 아이들보다 산만했고, 잠시만 한눈을 팔아도 작은 사고가 잇달았다. 장애를 가진 아이를 키운다는 것은 업을 지고 사는 일이었다.

그 업을 함께 나누고, 때때로 그녀의 한숨이나 불평을 들어 주고, "다 잘될 거야!" 하는 한마디 말과 함께 그녀의 등을 다독거려 줄 이조차 그녀에게는 없었다. 그래서 한때 그녀는 "왜 하필이면 내가!"라는 말을 입에 달고 살았다고 한다. 울분에 사로잡혀 아이와 함께 죽을 생각도 했단다.

어느 날 그녀는 죽을 각오를 하고 아이를 껴안았다. 마지막이라고 생각하니, 아이를 끌어안는 팔에 힘이 들어갔다. 엄마가 끌어안자 아이는 잠결에도 엄마 품으로 파고들었다. 아무런 의심도 없이 엄마 품으로 파고드는 아이를 보면서 그때 그녀는 생각했다.

'내가 지금 무슨 생각을 한 거냐? 이게 무슨 죄받을 짓이냐!'

그녀는 아이를 업었다. 그렇게 아이를 업고서 그녀는 노점상 생활을 시작했다.

"시아버지가 아파서 올라오셨다면서? 시어른 안 모셔 봤을 텐데 힘들지 않어? 다 덕 쌓는 일이야. 아니, 이건 내가 그냥 하나 주는 거야. 내가 새댁한테 줄 게 이거밖에 없잖어."

토요일 낮 1시, 그녀는 누군가에게 오뎅 꼬치 하나를 내민다. 그녀가 공짜로 주는 오뎅 꼬치를 받아 든 사람은 103동 새댁이다. 새댁은 시골에 사시는 시아버지가 수술받으러 서울에 오셨는데 그 병원비를 어떻게 해야 될지 모르겠다면서 울상이다.

"그러게 말이야, 친정이 잘살면 좋지. 그래도 어떡해. 나 낳아 준 엄마고 나 키우느라고 가난한 거잖아. 친정 빚보증 섰다가 그렇게 됐으니 남편 보기 얼마나 미안해. 그래도 어떡해, 살아야지. 다 잘될 거야. 이거 하나 먹어. 힘들 땐 자꾸 먹어야 돼. 아무거라도 먹어야 돼."

토요일 낮 3시, 친정어머니랑 돈 때문에 싸우고 왔다는 101동 반장 아줌마가 그녀의 무료 오뎅 꼬치 하나를 받아 든다. 101동 반장 아줌마는 그녀가 준 오뎅 꼬치 하나를 후딱 해치우고는 외친다.

"떡볶이도 한 3인분 싸 줘 봐!"

그러고는 그래, 이거라도 먹고 힘내자, 떡볶이 든 비닐봉지를 들고 바삐 뛰어간다.

"얘! 얘, 석진아! 니네 엄마가 오늘은 늦으시나 보다. 석진이 너, 아직 아무것도 안 먹었잖아. 여기 와서 이거라도 먹어."

토요일 저녁 6시 30분, 놀이터에서 놀고 있던 석진이가 뛰어온다. 올해 초등학교 1학년이 된 석진이는 맞벌이하는 부모님이 돌아오실 때까지 놀이터에서 혼자 기다려야 한다. 석진이는 무척 배가 고팠는지 그녀가 퍼 준 떡볶이 한 접시를 눈 깜짝할 새에 다 먹어 버린다.

"저기, 지훈이 총각! 잠깐 여기 와 봐. 그냥 가지 말고 이 아줌마한테도 잘생긴 총각 얼굴 한번 보여 주고 가. 어차피 내일 되면 다 버려야 되는 건데 돈을 왜 받아! 미안해할 것도 없고 그냥 맛있게만 먹어 주면 돼. 이번엔 꼭 될 거니까 된다, 된다, 된다고만 생각해. 알았지?"

토요일 밤 10시, 107동에 사는 총각이 떡볶이 트럭 옆을 지나간다. 이 총각은 공무원 시험 준비를 하고 있다. 그녀가 국자를 흔들며 반기자 107동 총각의 얼굴이 환해진다. 조금 전만 해도 어깨에 멘 가방이 무슨 고난의 십자가라도 되는 양 근심 어린 표정을 짓고 있었으면서 말이다.

오늘, 2주 만에 나타난 그녀는 조금 여윈 듯도 했다. 어디가 아팠던 거냐고, 아이가 안 보이는데 혹시 아이가 아팠던 건 아니냐고, 나는 그녀에게 묻고 싶은 말이 참 많다.

그러나 그녀는 모두가 기다리는 사람이었다.

나는 하루 종일 내 순서가 돌아오기만을 기다리며 베란다에서 그녀의 트럭을 내려다봤다. 그러다 그녀가 집으로 돌아가기 위해 짐을 꾸리기 시작해서야 겨우 엘리베이터로 달려간다. 아마도 이 엘리베이터가 1층에 나를 내려놓으면 그녀는 내 얼굴을 보자마자 물으리라.

"우리 소설가님이 이번 주엔 또 무슨 좋은 글을 썼을까? 나는 있지, 옛날에 학교 다닐 때 일기만 써 오라고 해도 머리에 쥐가 났다니까. 글 쓰는 사람들은 참 대단해."

그러면 나는 또 이렇게 대답하리라.

"내가 보기에는 아줌마처럼 대단한 사람이 없는데요?"

내가 웃으며 아줌마는 혼자서 그 어려운 시간들을 어떻게 헤쳐 왔느냐고 물으면 그녀는 또 변함없이 이렇게 말하리라.

"그 누구도 내 아이가 장애를 안고 태어날 거라고는 상상도 못 해. 처음 그 사실을 알게 되면 세상이 온통 까맣게 변해 버려. 울고, 소리 지르고, 아무도 만나고 싶지 않고……. 하늘도 나를 버린 것만 같지. 과연 내가 해낼 수 있을까? 나도 무섭기만 했어. 그런데 그게 말이야, 산다는 게 참 희한해. 내 속에 들어 있던 내가 바라던 아이, 내 이기심과 내 욕망이 만들어 냈던 아이를 지우고 나면 그 자리에 그제야 진짜 내 아이가 들어서는 거야. 내 아이를, 내 현실을 있는 그대로 받아들이고 나면…… 그때부터 다른 게 눈에 들어오기 시작해. 아이가 웃는 것도 보이고, 아장아장 걷는 것도 보이고. 아, 우리 아이가 저런 것도 할 수 있구나, 아이가 내딛는 작은 한 걸음에 손뼉도 치게 되는 거야. 이 장사도 그래. 처음엔 힘들기만 했는데, 생각해 보니까 이 일만큼 나한테 좋은 조건이 어디 있나 싶더라고. 만약에 내가 직장에 다녔어봐. 애를 어떻게 돌봤겠어? 이 일은 어쨌든 아이랑 같이 있으면서 할 수 있잖아. 아이를 어디 맡기고 일하러 다녔으면 하루 종일 얼마나 불안했겠어? 아이랑 같이 안 있었으면 내가 놓치고 못 본 건 또 얼마나 많았겠어?"

그녀는 내가 고개를 끄덕거리기라도 하면, 이야기 들어 준 값이라며 오늘도 내게 오뎅 꼬치 한 개를 거저 주리라. 그런 뒤에는 내가 그 오뎅 꼬치 하나를 먹는 동안에 슬며시 내 걱정거리를 물어 주리라. 그러면 또 나는 이런저런 일로 아주, 아주 많이 힘들었다고 그녀에게 엄살을 부릴지도 모른다.

어느 날 그녀는 내게 이런 말을 했다. 살면서 가장 힘들었을 때가 언제였느냐 하면, 바로 아무도 내 곁에 없다는 생각이 들 때였다고. 삶이 너무 절망스러워 그때는 신마저도 자신을 버린 것만 같았다고. 그럴 때 누군가 한 사람쯤은 내 등을 다독여 주면서 "다 잘될 거야!"라고, 한마디만 해 주었으면 싶었다고.

이제는 자기가 그런 사람이 되어 주고 싶다고.

그런데 내가 남들에게 줄 거라고는 이거, 오뎅 한 꼬치, 떡볶이 한 접시밖에 없어서 그게 마음 아프다고.

그 마음이 녹아 있기 때문일까?

그녀가 내놓는 건, 떡볶이든 순대든 오뎅이든 맛있지 않은 것이 없다. 언젠가 내가 오뎅 국물 속에 들어 있는 꽃게 몇 마리를 가리키며 아줌마는 오뎅 국물에 저런 것도 다 넣는 거냐고 묻자 그녀는 그랬다. 음식 맛이라는 게 대단한 비법에서 나오는 게 아니라고. 손님이 먹어 보고 맛있으려면 내 자식 먹는 음식 만든다, 생각하면 되는 거라고. 그러면 뭐 몸에 좋은 거 더 없을까, 맛있는 거 뭐 더 없을까, 자연히 궁리하게 되는 거라고.

"이 순대라는 게 그렇다네. 옛날엔 먹을 게 귀했잖아. 음식이 귀한 시절에는 버려지는 돼지 창자도 아까웠던 거야. 그래서 버려지는 돼지 창자를 어떻게 먹을 수 없을까 해서 만들어진 음식이 이 순대라잖아."

그녀의 말을 들으며 나는 그녀야말로 순대 같은 사람이라고 생각했다. 남들이 보기에는 버려진 돼지 창자처럼 보잘것없어 보이는 그녀의 삶. 그러나 그녀는 그 보잘것없는 돼지 창자 속에 기쁨과 희망과 온기를 집어넣어 그녀의 삶뿐만 아니라 타인의 삶도 풍성하게 해 주고 있다.

영업을 끝내고 돌아가는 그녀의 뒷모습을 바라보며 나는 들고 있는 비닐봉지를 더 꼭 쥐어 본다. 그녀가 내게 건네주고 간 이 일주일 치 행복이 시들시들해질 때면 그녀는 다시 또 우리에게로 돌아오리라. 말랑말랑한 떡볶이, 쫄깃쫄깃한 찹쌀 순대, 뜨끈뜨끈한 오뎅을 가득 담아 가지고 와서 또 한 잔 종이컵 그득 행복을 따라 주리라.

이명랑

1973년 서울에서 태어났다. 1998년 장편 소설 《꽃을 던지고 싶다》를 발표하면서, 우리나라에 몇 안 되는 여성 성장 소설의 계보에 넣어도 손색이 없는 작품을 써낸 신인이라는 평가를 받으며 소설가의 길을 걷기 시작했다. 펴낸 책으로는 《삼오식당》, 《나의 이복형제들》, 《입술》, 《구라짱》 등의 소설과 에세이 《위로, 나를 일어서게 하는 선물》이 있다.

모든 농부는 세상 모두의 아버지다
공선옥

　나는 지금 우리 큰아버지를 세상에 소개한다. 평생을 한곳에서 나서 한곳에서 사시다가 바로 그곳에서 삶을 마감하신 우리 큰아버지. 나의 백부님.
　큰아버지 돌아가신 지 벌써 5년이라는 세월이 흘렀다. 그리고 큰아버지 돌아가시고 난 뒤 나는 한 번도 고향에 가 보지 못했다. 지금도 고향에 가면 큰어머니가 살고 계시지만, 그래서 언제든지 고향에 가서 큰어머니, 부르면 우리 큰어머니가 "아이구, 내 새끼야." 하시면서 버선발로 달려 나오실 것이 틀림없지만, 나는 고향에 가 보지 못하고 세월을 보내고 있다. 누가 그랬던가. 한번 떠나게 되면 다시 가기 힘든 곳이 고향이더라고. 정말 그렇다. 고향

떠난 뒤 나는 광주로, 여수로, 춘천으로, 그리고 지금은 경기도로 떠돌면서 살고 있지만, 이상하게 고향으로는 가지지가 않는다. 왜일까. 그것은 어떤 아픔 때문일 것이다. 그것은 어떤 아픔인가.

나는 어쩌면 고향에 가서 내가 보게 될 '상실감'이 두려운 것일 게다. 이제 다시는 내가 고향에 돌아와 살지 못하게 될 것이라는 생각을 구체적으로 확인하게 되는 두려움. 이제 내 고향은 예전의 내 고향이 절대로 아니라는 것을 내 눈으로 보게 되는 두려움. 그것이 아픔이 아니고 무엇이겠는가.

이제 내 고향은 예전의 고요했던 고향이 결코 아니다. 여전히 아침이면 마을 뒷산에서 예전에 내가 봤던 빛나는 해가 떠오르고 저녁이면 들판으로 자우룩히 노을이 깔리는 고향이지만, 그러나 이제 내 고향은 고요하지가 않다. 천지 사방으로 찻길이 나면서부터 고향의 고요는 깨졌다. 고향 떠난 지 삼십여 년이 흘렀다. 그 사이에 내 고향의 고요는 깨졌다. 우리 아버지 어머니 돌아가신 지도 벌써 이십여 년이 흘렀다. 아버지 어머니의 산소를 처음 쓸 때까지는 그래도 아직 고향에는 예전의 고요가 남아 있었다. 그러나 이제 우리 아버지 어머니 산소에 가면 천지 사방에서 울려오는 자동차 소리가 들린다.

아직 우리 고향에 차 소리 하나 들리지 않던 시절이 있었다. 들리는 것이라곤 새소리, 닭 울음소리, 그리고 소를 몰고 가는 농부의 발자국 소리뿐이던 때가 있었다.

우리 큰아버지는 소를 정말 잘 몰던 분이었다. 아니, 우리 고향의 농부들은 모두 소를 잘 몰았다. 소를 잘 몬다는 것은 소를 잘 키운다는 것이다. 소와 농부가 거의 한 몸이라는 뜻이다. 아침이면 소의 목에 단 워낭에서 나는 맑고 경쾌한 종소리와 그 뒤를 따라가는 농부의 발자국 소리에 고향의 아이들은 잠을 깨곤 했다. 우리 아버지는 소를 잘 몰지 못했다. 아버지는 일찌감치 대처로 나가 돈을 벌었다. 도시에서 돌아온 아버지는 소를 잘 몰지 못해 밭갈이 논갈이를 할 때 소를 몰 줄 아는 동네의 다른 농부에게 부탁을 하곤 했다. 그렇게 동네를 떠나 다른 곳에서 돈을 벌어야 했던 사람들은 이후 고향에 돌아와 경운기를 샀다. 그러나 우리 큰아버지를 포함하여 한 번도 고향을 떠나 보지 못한 사람들은 소를 몰았다. 그리고 그들은 소를 너무나 잘 키웠다. 어느 집을 가서 보고 그 집의 외양간이 어쩐지 푸근하고 좋으면 그 집은 행복한 집이었다. 농촌에 살면서 외양간이 없거나, 있어도 부실하거나, 어쩐지 썰렁하면 그 집은 그다지 행복한 집이 아니었다. 그 집이 바로 우리 집이었고 그래서 나는 외양간이 푸근한 다른 집, 그중에 우리 큰집이 우리 집보다 더 좋았다.

우리 큰집은 동네에서도 가장 외양간이 푸근한 집이었다. 외양간 앞에는 쇠죽 쑤는 큰솥이 걸린 '작은 정재'가 있었다. 사람 밥을 만드는 부엌은 큰 정재, 쇠죽 쑤는 부엌을 작은 정재라고 불렀다. 겨울에 아이들이 놀다 몰려들어 발을 녹이거나 감자를 구워 먹는 부엌은 언제나 작은 정재였다. 큰 잔치를 할 때, 잡채를 만들거나 탕을 끓일 때도 작은 정재의 그 무쇠 가마솥을 이용했다. 작은 정재에서 불이 들어가는 방에는 할아버지가 기거했다. 할아버지 방에서는 언제나 구수한 할아버지 냄새와 함께 쇠죽 냄새가 났다. 우리 아버지는 도시에서 어쩌다 고향 집에 오면 언제나 그곳, 큰집의 할아버지 방에서 잤다. 할아버지는 늘 아버지를 야단쳤다. 작은아들이었던 아버지는 언제나 할아버지 보기에 불안한 아들이었다. 우리 어머니에게는 아버지가 두려운 존재였다. 불안하고 두려운 우리 아버지. 사고쟁이 우리 아버지. 그러나 지금에 와 생각해 보면 아버지는 또 그 얼마나 '고독한 형상'이었더란 말인가.

아버지는 고향에 오면 아버지의 자식들인 우리를 데리고 큰집에 가서 할아버지한테 야단을 맞고 우리와 함께 할아버지 방에서 잤다. 야단을 맞아도 아버지는 큰집이 좋았던 모양이다. 내가 큰집에서 느꼈던 평화와 안식을 아버지 또한 느꼈던 것일 게다. 아버지가 꾸민 우리 집은 아버지가 보기에도 싫었던가 보다. 우리 집 부엌의 그을음은 언제나 머리 위로 뚝뚝 떨어지는 그을음이었다. 그렇지만 큰집의 그을음은 언제나 흙벽에 스며드는 그을음이었다. 그래서는 또 흙벽이 더욱더 '구수'해지는 것이었다. 아버지가 만든 우리 집 벽은 시멘트 벽이므로 그을음이 결코 스며

들지 못하는 벽이었다. 그을음이 스며들지 못하는 집은 세월이 스며들지 못한 집이었다. 그것이 바로 아버지와 큰아버지의 차이였다.

아버지는 '시간'을 살았고 큰아버지는 '세월'을 살았다. 그것이 바로 그을음이 구수해지느냐 그렇지 않느냐의 차이를 만들어 냈던 것이다. 태어난 곳에서 살지 못하는 사람들, 그리하여 태어난 곳에서 죽음을 맞이하지 못하는 사람들은 고독하다. 우리 아버지가 바로 그 대표적인 사람이다. 한곳에 오래오래 정착하며 사는 사람들은 세월을 살기 때문에 그을음, 혹은 세월의 때가 아름답다. 떠도는 사람들은 결코 이룰 수 없는 아름다움을 그들은 살면서 이루어 낸다. 내가 만약 우리 아버지의 딸로가 아니라 큰아

버지의 딸로 태어났더라면, 나는 이다지도 헤매지 않고 살아갈 수 있었을까. 어쩌면 그랬을 것이다. 나의 영원한 본향, 나의 큰집, 나의 큰아버지.

큰아버지 돌아가셨다는 소식을 딱 받고 나서 든 생각은, 아아, 이제 또 한 사람의 토종 농부가 사라졌구나, 하는 것이었다. 우리 세대에서 그런 농부를 과연 얼마나 찾을 수 있을 것인가. 우리 세대들은 거의 모두가 태어난 곳을 일단 한 번 떠났다. 나의 시선을 우리 고향 마을 한곳에다만 모아 보자. 내 아래로는 말할 것도 없고 내 위로 10년까지 모두 고향을 떠났다. 떠나고 나서는 다시는 고향에 돌아가지 않은 사람이 대다수다. 그중에 어쩌

다 고향에 돌아간 사람이 있다 해도 그는 절대로 한 번도 고향을 떠나 보지 않은 사람과는 같아질 수가 없다. 그는 일단 고향에 돌아간 것 자체를 '패배'로 여길 테니까. 또한 우리 세대에서는 우리 큰아버지 세대와 같은 농부를 만날 수 없는 이유가, 그들은 결코 농사를 '천직'으로 여기지 않기 때문이다. 농사짓는 집에서 태어났으므로 자연스레 농사를 짓는 것이 아니라 다른 할 것이 없어서 농사를 짓기 때문이다. 농사를 짓는다 해도 그 농사 지어 어떡하든 이문을 남겨 먹을 생각을 하며 농사를 짓기 때문이다.

큰아버지는 그냥 농사를 지었다. 때가 되면 밭을 갈고 논을 갈고 거둘 때 되면 거두었다. 자식을 낳을 때 되니 자식 낳았고 거두어야 하니 거두었던 것처럼 당연하게 농사를 지었다. 농사짓고 사는 사람 이외에는 생각할 수 없는 삶을 살았던 큰아버지였다. 그걸로 어떤 이문을 남겨 먹을 생각 같은 건 아예 하지도 않았다. 농사꾼의 자식으로 태어났으니까 농사를 지었고 또 농사꾼이니까 농사를 지었다.

큰아버지는 거름을 참 잘 만들었다. 모든 농사꾼의 기본은 무엇보다 거름을 만드는 것이었다. 거름 잘 만드는 농부네의 뒷간은 그래서 구수했다. 우리 집 뒷간은 악취가 풍기는데 진짜 농사꾼 집인 우리 큰집의 뒷간은 구수하고 푸근했다. 외양간이 구수하고 푸근했듯이 뒷간 역시 그랬다. 큰집 뒷간에는 동물들이 살았다. 동물들은 큰집 뒷간에서 참으로 행복했다. 돼지와 닭이 그들이었다. 나는 큰집 돼지와 닭이 부러울 지경이었다. 진짜 농부의 집은 뒷간과 헛간이 따로 있지 않았다. 뒷간이 헛간이고 돼지막이고 닭둥우리였다. 그래서 나는 뒤가 마려우면 언제나 우리집 뒷간 놔두고 큰집 뒷간으로 달려갔다. 큰집 뒷간에 쭈그리고 앉아 있으면 눈이 시원해지고, 불어오는 바람에 졸음이 솔솔 왔다. 뒤를 보다가 졸다가 하다가 문득 푸드득, 꼬끼요 꼬꼭 하는 소리에 퍼뜩 깨어나 닭둥우리를 살펴보면 거기 따끈따끈한 달걀이 내 눈에 쏘옥 들어오곤 했다. 농사를 잘 짓지 못하는 집에서는 결코 볼 수 없는 풍경이다. 그런 집들은 일단 거름을 잘 못 만들고 그래서 뒷간이 결코 헛간을 겸할 수가 없다. 아침마다 그리고 저녁마다 큰아버지가 한 지게씩 져 오는 풀 더미와 인분이 섞이고 동물 배설물이 섞이고 깻묵, 겨가 섞인 거름 바로 위가 닭이 알 낳는 장소였다. 큰아버지가 만든 거름은 더럽지 않고 깨끗했다. 나는 하루 종일이라도 그 거름 위에서 놀 수가 있었다.

 '진짜 농부'이고 '좋은 농부'였던 큰아버지는 절대로 환금성 작물을 재배하지 않았다. 절대로 비닐하우스 작물을 재배하지 않았다. 절대로 같은 종류의 짐승을 수십 마리씩 키우지 않았다. 농사지은 결로 돈벌이를 하지 않았다. 돈이 없어 자식 교육을 시키기 어렵다 싶으면 차라리 어디 가서 노동 품을 팔았다. 이십여 년 전 아버지가 아파서 어머니도 돌아가시고 없는 빈 고향 집에

아버지 혼자 들어가 계셨을 때, 큰아이 갓 낳은 새댁이었던 나는 아버지 간호를 핑계 삼아 잠시 고향 집에서 산 적이 있다. 그때 큰아버지는 한창 돈 많이 들어가는 대학생이던 큰집 큰오빠와 작은오빠의 학비를 벌기 위해 고향 근처 섬진강 변에 있는 전봇대 공장을 다니셨다. 섬진강 모래를 퍼다가 전봇대를 만드는 곳에서 큰아버지는 하루는 낮에 일하고 하루는 밤에 일했다. 낮에 일하는 날에는 밤에 와서 농사를 지었고 밤에 일하는 날에는 낮에 농사를 지었다. 한 2년을 그러셨다. 농사지은 걸로는 그냥 먹고살고 공장 다니신 걸로 오빠들 학비를 조달했다. 큰아버지는 공장을 다니는 근 2년 동안 잠을 제대로 주무실 수 없었다. 큰아버지 돌아가셨을 때 큰집 오빠들은 목 놓아 울었다. 자신들을 가르치기 위해 큰아버지가 코피를 쏟으며 일했던 그때를 말하며 울었다. 천성과 천직이 농부였던 큰아버지에게도 그 시절은 그야말로 인고의 세월이었을 것이다. '변또' 하나 싸 들고 가서 밤에 일하고 지친 몸으로 터벅터벅 돌아오신 큰아버지가 붉게 충혈된 눈으로 논갈이하러 가시는 모습을 보면서 나는 큰아버지야말로 정말 '아버지'구나, 절절히 느꼈다.

아버지 돌아가시고 고향을 떠나 살던 어느 해, 큰집에 갔다. 내가 작가가 되고 나서 어느 방송국에서 작가의 고향을 찍고 싶다고 해서였다. 우리 집은 이미 허물어져 밭이 된 지 오래였다.

당연히 큰집으로 갔다. 큰어머니가 방송국 사람들에게 밥을 해서 내놓았다. 아, 그 밥! 큰어머니는 도시 사람들 왔다고, 시골 사람들이 언제나 그러는 것처럼 '계란 부침개'를 내놓으셨다. 그것은 반찬이 맨 '시골 반찬'인 것을 부끄러워하며 내놓은 반찬이었다. 방송국 사람들은 아무 생각 없이 먹었을 그 계란 반찬을 보고 나는 눈물이 났다. 그때 큰아버지는 방송국 사람들이 작가인 조카를 찍는 것을 마루에 앉아 물끄러미, 그리고 신기해하면서 바라보셨다. 그것이 내가 살아생전 본 큰아버지의 마지막 모습이었다. 돌아가려고 하자 큰아버지는 큰 짐바리 자전거에 뭔가를 싣고 동구 밖까지 따라 나오셨다. 요소 비료 포대에 담긴 그것은 쌀이었다. 방송국 차에 큰아버지가 주신 쌀을 싣고 도시로 돌아오면서 나는 울었다. 요소 비료 포대에 담긴 쌀이 나를 울렸다. 나는 집에 와서 쌀을 쌀통에 쏟아붓지 못하고 한참 동안 요소 비료 포대째로 거실에 놓아두었다. 쌀 포대가 된 비료 포대.

비료 포대는 언제나 나를 눈물 나게 한다. 떡방앗간에서 제사나 명절에 쓸 떡을 해서 그 비료 포대에 담아 가지고 온 적이 나도 있었다. 광주에서 자취할 때, 나는 또 김치를 그 비료 포대에 담아 가지고 머리에 이고 왔다. 그런 추억들이 나를 울리고, 해가 저물 무렵 큰아버지가 동구 밖까지 따라 나와 쌀을 실어 주고 나서 하염없이 손을 흔드시는 모습이 나를 울렸다. 아버지 어머니도 돌아가시고 없는 고향에 이제 등 굽은 나의 큰아버지가

내게는 아버지였다. 그리고 지금 어디를 가도 나는 그곳에서 태어나 그곳에서 평생을 농사짓고 사는 농부를 보면 문득 아버지, 하고 뇌게 된다. 모든 농부는 세상 모든 이의 아버지다. 그 아버지들은 한시도 놀지 않는다. 그들은 비가 오면 비를 피하지 않고 눈이 오면 눈을 피하지 않고 해가 뜨면 해를 피하지 않는다. 온몸으로 비와 눈과 해를 받아들이고 그리고 온 세상의 자식들을 받아들인다. 그 너른 품에 받아 안는다.

 한밤중이어도 번개 치고 천둥 우는 밤에 논으로 달려 나가 물꼬를 본다. 밭에 나가 도랑을 친다. 그러고 나서도 그들은 잠들지 못한다. 비가 그칠 때까지 잠들지 못한다. 뽕밭에 가 뽕을 따서 누에를 먹이고 오디를 따서 자식을 먹인다. 그들에겐 조카도 자식이고 온 동네 아이들이 다 자식이다. 뽕 지게를 지고 오다가 뽕잎에 싼 오디를 제일 첫 번째 보이는 아이에게 먹인다. 아무 아이나, 첫 번째로 보이는 아이에게 오디를, 산딸기를, 으름을, 다래를 내밀며 아이가 먹는 모습을 흐뭇하게 바라본다. 그리고 아이가 맛있게 먹으면 그것으로 족하다. 나는 고향에서 그렇게 자랐다. 우리 큰아버지와 같은 동네 어머니, 동네 아버지들이 나와 내 동무들을 키웠다. 길을 가다가 꽃이 피어난 것을 보고 아버지 어머니들은 얼른 아이들을 돌아보며 말한다. 하아따, 꽃이 이쁘다아! 이쁜 꽃만큼 아이들도 이쁘다는 뜻이었을까. 그러고 보니, 우리 큰아버지는 그야말로 큰 아버지였다.

지금, 이 시대 우리의 아이들은 어디에 가서 큰아버지이자 큰아버지를 만날 수 있을까. 어디 가서 그 거친 손으로 내미는 달콤한 오디를, 산딸기를, 으름을, 다래를 맛볼 수 있을까. 비닐하우스에서 재배한 것이나마 제일 첫 번째 보이는 아무 아이에게나 아가, 이거 먹어라, 맛난 것 내미는 어른이 어디 있을까.

큰아버지는 평생을 나고 자라 평생을 부쳐 먹었던 밭가에 묻히셨다. 당신이 사시던 집에서 채 오백 미터도 떨어지지 않은 곳이다. 이제 큰아버지 없는 큰집은 쓸쓸하다. 오히려 큰아버지 묻히신 밭이 내게는 더 푸근한 것만 같다. 큰아버지 돌아가신 큰집에 외양간은 비었다. 쓸쓸하다. 큰아버지 돌아가신 큰집의 뒷간은 돼지도 닭도 살지 않는다. 거름은 삭아서 거의 흙이 될 참이다. 쓸쓸하다. 큰어머니는 집보다 큰아버지 묻히신 밭가에서 더 오래 하루 시간을 보낸다 하였다. 큰집은 썰렁한데, 큰집 밭은 반들반들하다 하였다. 이제 큰아버지의 집은 큰집이 아니라 밭이 되었다. 거기에는 생전에 큰집처럼 고추와 수수와 감자와 서숙과 콩으로 술렁술렁할 것이다. 온갖 작물들로 우렁우렁할 것이다. 예전에 큰집이 소와 돼지와 닭으로 그랬던 것처럼. 농부는 살아서나 돌아가서나 언제나 그렇게 제 사는 곳을 반들반들하고 술렁술렁하고 우렁우렁하게 하는 특별한 재주가 있나 보다. 농부가 아닌 사람들의 집은 살아서도 죽어서도 언제나 쓸쓸하다. 그것이 농부와 농부가 아닌 사람들의 확연한 차이다. 농부는 삶도 죽음도 결코 쓸쓸하지 않다. 나아가서는 세상을 살찌운다. 세상을 살린다. 진짜 농부가 없어져 가는 세상은 그래서 살아도 죽어도 쓸쓸하기만 하다.

큰 아버지였던 나의 큰아버지를 기억하는 사람들 또한 점점 없어져 간다. 진짜 농부가 없어져 가고 진짜 농부를 기억하는 이들 또한 없어져 가는 세상은 점점 쓸쓸해 가고, 큰 아버지가 있는 본향을 잃어버린 우리는 어디 가서 마음껏 눈물을 쏟을 데가 없다. 내가 지금 이렇게 헤매는 것은 바로 내가 마음껏 눈물 쏟을 나의 본향, 나의 큰아버지이자 큰 아버지를 찾고 싶어서인지도 모른다. 내 기억 속의 고향에는 언제나 큰아버지가 모는 소의 워낭 소리가 난다.

공선옥

1963년 전남 곡성에서 태어났다. 1991년 《창작과비평》에 중편 소설 〈씨앗불〉을 발표하면서 작품 활동을 시작했다. 펴낸 책으로는 소설집 《피어라 수선화》, 《명랑한 밤길》, 《나는 죽지 않겠다》, 장편 소설 《오지리에 두고 온 서른 살》, 《수수밭으로 오세요》, 《내가 가장 예뻤을 때》, 산문집 《자운영 꽃밭에서 나는 울었네》, 《행복한 만찬》 등이 있다.

삶을 깨우쳐 주는
만석동 천연기념물

김중미

고경순 씨는 새벽 6시가 되기도 전에 하루 일과를 시작한다. 첫째 선아가 안양에 있는 평생학습관 인턴사원으로 일해서 아침 일찍 출근을 하기 때문이다. 둘째 선웅이 역시 고3이라 새벽밥을 먹고 학교에 가야 한다. 두 아이를 보내고 나면 고경순 씨도 출근 준비를 한다. 특별하게 준비할 것은 없다. 공장이 집 근처라 겉옷만 대충 걸치면 되고 화장도 안 하니 집 안만 대충 치우면 된다. 집을 나서면 우선 옆집 할머니의 안부를 확인하고 골목이 깨끗한지 살핀다. 동네 애들이 어지럽혀 놓는 경우가 종종 있기 때문이다.

출근길 골목이나 마을버스 정류장은 한산하다. 고경순 씨가 사는 동네에는 공장이 많아서 몇 년 전만 해도 아침마다 골목이나 버스 정류장이 출근하는 사람들로 왁자했다. 그런데 아이엠에프를 지나면서 작은 하청 공장들은 거의 문을 닫았다. 노동력이 많이 필요한 일들은 임금이 싼 중국이나 베트남으로 하청을 옮겼다. 큰 공장들은 큰 공장들대로 최근 몇 년 사이 땅값이 싼 충청도로 공장을 옮기면서 빈 공장이 많아졌다. 공장이 떠나고 나자 동네에 빈집도 함께 늘어났다. 고경순 씨는 텅 빈 동네를 보면 가슴에 난 구멍이 자꾸만 더 커지는 것 같아 마음이 심란하다.

고경순 씨가 다니는 공장은 '와셔'를 만드는 곳이다. '와셔'는 볼트나 너트와 같은 기계 부품 중 하나이다. 보통 나사가 풀리는 것을 방지하고 볼트나 너트가 받는 하중을 덜기 위해 쓰인다. '와셔'는 사각형, 톱니바퀴 모양, 스프링 모양 따위로 생김새가 다양하고 크기도 다 다르다. 공장 안에는 사람들이 지나다니는 통로를 빼고는 프레스 기계들과 '와셔'를 만드는 철판과 수십 가지 종류의 '와셔'가 쌓여 있다. 철을 다루다 보니 공장 곳곳에 날카로운 철판이나 철 조각이 널려 있어 까딱하다가는 손이나 팔에 상처가 난다.

아침 8시. 프레스 기계가 한꺼번에 돌아가기 시작하면 귀가 멍해진다. 프레스 기계가 와셔를 찍어 낼 때 나는 소리는 기계의 크기에 따라 다르다. 콩콩콩, 쿵쾅쿵쾅, 쿵, 쿵, 쿵……. 프레스 앞에 앉아 있는 사람들의 손은 프레스의 속도에 맞춰진다. 고경순 씨는 주로 작은 와셔를 만드는 일을 한다. 그래서 다루는 철판도 남자들이 하는 것보다 작고 얇다. 하지만 하루 종일 기계 속도에 따라 꼼짝없이 단순 반복을 해야 하는 일이라 눈이 아프고 지루하다. 일을 하는 동안에는 기계 소리 때문에 옆에 있는 동료들과 이야기도 못한다. 그래도 일하는 데 어려움은 없다. 함께 일한 지 모두 5~6년 이상 된 사람들이라 아무 말 없이도 손발이 척척 맞는다. 정오까지 쉬지 않고 일을 하고 나면 고경순 씨는 작업복에 묻은 쇳가루를 대충 털고 동료들과 같이 점심을 먹는다.

반년 전만 해도 점심시간마다 남편과 함께 집으로 가서 점심을 먹었다. 처음에는 월급 외로 나오는 식대를 모아 아이들 교육비에 보태기 위해서였다. 하지만 나중에는 한 시간 남짓 되는 점심시간이 고경순 씨와 남편만의 오붓한 시간이 되었다. 둘이서 함께 점심 준비를 하고 밥을 먹으면서 공장 얘기, 아이들 얘기를 했다. 무뚝뚝하기가 나무토막 같은 고경순 씨지만 그렇게 남편과 단둘이 있는 시간이 참 좋았다. 남편이 없는 지금, 점심시간은 가장 지루하고 고통스러운 시간이 되었다.

고경순 씨 남편은 프레스 일만 20년을 넘게 한 사람이었다. 어린 나이에 고향 제주도를 떠나 매형 밑에서 일을 배운 남편은 일솜씨가 좋고 성실했다. 남편은 아이엠에프로 공장이 문을 닫았던 1년 정도만 주안공단에 다녔을 뿐 내내 만석동 와셔 공장을 돌며 일했다. 고경순 씨도 둘째가 혼자 밥을 차려 먹을 수 있을 때부터 남편과 같이 공장에 나갔다. 철을 다루는 일이라 쉽지는 않았지만 남편과 한 공장에 같이 다닐 수 있고 집이 가까워 아이들 챙기는 데도 편했다. 함께 일하는 사람들도 다 한동네 사는 사람들이라 한 식구처럼 지냈다. 둘이 한 달 내내 결근 한 번 안 하고 잔업까지 해도 겨우 250만 원밖에 안 됐지만 고경순 씨나 남편은 그렇게라도 일할 수 있어 늘 좋았다. 아이엠에프 시절 1년 가까이 실업자로 지낸 생각을 하면 끔찍했기 때문이다.

고경순 씨와 남편은 제주도가 고향이다. 가난한 소작농의 맏이로 태어난 고경순 씨는 철이 들기도 전에 밭에 나가 호미질을 하고 물일 나간 엄마 대신 동생들을 업어 키웠다. 학교에 가고 싶어도 학교에 가고 싶다는 말을 꺼낼 수 없을 만큼 가난했다. 그래서 육지에서 공장에 다닌다는 남편과 맞선을 보자마자 미련 없이 섬을 떠났다. 남편이나 자신이나 가진 것 없이 가난했지만 어릴 때부터 노동에 이골이 난 몸뚱이가 있어 굶지 않고 살 자신이 있었다. 그런데 막상 물설고 말 선 육지에서 사는 일은 쉽지 않았다.

고경순 씨는 육지에 올라와 산 첫 10년을 생각하면 아직도 코끝이 맵다. 그래도 남편은 술 좋아하고 놀기 좋아하는 것 빼고는 부처님 가운데 토막이라고 해도 좋을 만큼 착했다. 남편은 아내가 고집불통에다가 벽창호 같은 고집쟁이라고 타박을 하면서도 고경순 씨를 끔찍이 위했다.

그런 남편이 간암이라는 걸 안 것은 2년 전 가을이었다. 고경순 씨와 남편은 간암 말기라는 의사 말을 받아들이기 힘들었다. 술을 좋아하긴 했지만 누구보다 건강했기 때문이다. 온 동네에 몸살감기가 유행해도 자기는 피해 간다고 호언장담하던 사람이었다. 그래서 고경순 씨는 남편은 암도 이겨 낼 거라 믿었다. 남편은 정말로 핵전술을 받고 퇴원하자 다시 와서 공장 프레스 기계 앞에 섰다. 두 사람은 다시 아침마다 함께 일을 나가고 함께 퇴근했다. 주위 사람들은 좀 쉬게 해야 하지 않느냐고 했지만 두 사람은 무덤에 눕지 않는 한 일을 멈출 수 없다고 했다. 두 사람에게 노동은 종교이며 삶이었다. 그러나 남편은 암을 이겨 내지 못하고 1년 만에 쓰러지고 말았다. 처음 병원에서 암 선고를 받았을 때 6개월밖에 못 산다고 했던 것에 비하면 잘 견딘 셈이었다.

남편이 간 지 이제 반년이 넘었다. 남편의 빈자리는 생각보다 몹시 크다. 아침에 눈을 떠서 밤에 이부자리에 누울 때까지 허전함을 채울 길이 없다. 그래서 퇴근을 하고 돌아와 아이들 먹일 저녁 준비를 하고 나면 옆집으로 간다. 그리고 혼자 사는 노인네를 도와 자정이 다 될 때까지 마늘을 깐다. 또 휴일이면 배낭을 메고 배를 탄다. 조개 캐는 아줌마들과 함께 영종도나 덕적도에 가서 바지락을 캐 온다. 그리고 틈틈이 바지락을 까서 이 사람 저 사람에게 나눠 준다. 고경순 씨가 힘든 하루하루를 견디는 방법은 여전히 일이다. 남들은 남편도 없는데 관광 다니고 술도 마시고 친구들과 어울리라고 하지만 고경순 씨는 남편의 빈자리를 그렇게 채우고 싶지 않다. 어려서부터 고경순 씨를 키우고 단련해 준 것은 오로지 노동이었다. 고경순 씨는 검은 제주 흙과 차디찬 철판과 쇳가루가 지금의 자신을 있게 했다고 믿는다. 고경순 씨는 남편이 입원해 있을 때도 공장에 나가 와셔를 찍어 냈다. 일을 하면서 유행가를 있는 힘껏 따라 부르다 보면 남편을 잃을지 모른다는 두려움이 사라졌다. 남편이 없는 지금도 땀 흘려 일할 곳이 없다면 벌써 남편을 따라갔을지 모른다는 생각을 한다.

일요일 아침, 고경순 씨는 아이들이 모처럼 늦잠을 자고 있어도 아랑곳하지 않고 주방에서 덜그럭덜그럭 부산을 떤다. 이불을 뒤집어쓰고 조금이라도 더 자려고 애쓰던 선아가 신경질적으로 방문을 열고 묻는다.
"엄마, 도대체 뭐 해?"
"오늘 부모회잖어. 술빵 해 가려고."
선아는 잠이 덜 깬 눈으로 가스레인지에 올려 있는 들통 두 개를 보더니 질겁한다.
"엄마, 저게 다 빵이야?"
"그럼."

"아유, 이 더위에 왜 하필 술빵을, 그것도 저렇게 많이."

고경순 씨는 딸이 투덜거리는 소리를 못 들은 척한 채 온 집 안을 찜통으로 만든다. 방에 틀어박혀 공부를 하던 선웅이까지 덥다고 짜증을 내지만 고경순 씨는 묵묵히 빵을 쪄 낸다. 오늘은 술빵을 나눠 먹으며 오래오래 살아가는 이야기를 할 작정이다. 공부방 엄마들은 다들 고경순 씨처럼 사는 게 고단한 사람들이다. 고경순 씨는 별것 아닌 이 술빵이 그 고단함을 덜어 내는 좋은 약이 될 걸 안다. 고경순 씨는 어서 저녁이 되어 공부방 엄마들을 만나 수다를 풀었으면 좋겠다. 그래서 손이 점점 빨라진다.

우리가 선아네를 만난 건 선아가 중3, 선웅이가 초등학교 4학년일 때였다. 선아와 선웅이를 공부방에 보내겠다고 찾아온 선아 엄마 고경순 씨는 하얗고 동그란 얼굴에 주근깨가 다닥다닥했다. 거기다 생머리를 하나로 질끈 묶은 모습이 수줍은 여고생 같았다. 선아 엄마는 잠시 공부방을 기웃기웃하더니 물었다.

"아니, 이디서는(여기서는) 정말로 돈도 안 받고 아이들을 가르치나?"

"네, 하지만 여기는 학원 같은 곳은 아니에요. 공부보다는 부모님이 안 계신 동안 아이들이 함께 어울려 놀게 돕는 게 우선이구요. 노래나 연극, 풍물 같은 걸 하면서 공연도 하고 함께하는 놀이도 하고 그러는 곳이에요. 여기 다니려면 다른 건 몰라도 부모회에 꼭 참석해 주셔야 하거든요."

"게매(암 그렇지), 그래야지. 내도 학원은 벨로이(별로야). 이디가 딱 마음에 드네. 나가 원래 시골 사람이라 이런 걸 더 좋아해요. 우리 선웅이랑 선아 좀 부탁해요."

우리는 화끈한 선아 엄마가 마음에 들었다. 선아 엄마는 육지에 온 지 15년이 넘었는데도 제주도 사투리를 많이 썼다. 차분하게 얘기할 때는 그나마 괜찮은데 흥분을 하면 알아듣지 못하는 말이 더 많았다. 그렇지만 선아 엄마가 구수한 제주도 사투리를 섞어서 해 주는 고향 이야기나 어린 시절 이야기는 누구나 다 좋아했다. 선아 엄마 이야기를 듣다 보면 가슴이 뭉클해지고 눈시울이 뜨거워졌다.

"…… 그날은 주인집 광에서 하루 종일 감제(고구마)를 상자에 담았어. 그런데 밥도 못 먹고 밤늦게까지 일을 하니까 얼마나 배가 고픈지……. 어멍신티 물었지. '어멍, 우리 감제 좀 쪄 먹자.' 나도 배가 고팠지만 동승(동생)들도 다 배가 고파서 찡찡거렸으니까. 그런데 어멍이랑 아방이 똑같이 말하는 거여. 이디(여기) 있는 거이는 우리 거이 아니라고. 우리 어멍 아방이 벽창우야. 내가 우리 어멍 아방을 꼭 닮은 거여. 그런데 그때 내가 그랬어. '감제가 영(이렇게) 많은데 누게 보는 것도 아니고 몇 알 먹으믄 되잖어.' 그랬더니 우리 어멍이 하는 말이, '누게 보네? 어멍 아방이 보고 하늘이 보는데. 그럼 안 돼.' 그날은 결국 쫄쫄 굶었어. 그런데 그다음 날 아침에 어멍이 감제를 쪄서 주는데 보니까 다 상처가 난

거이더라고. 그래서 그때 생각했지. 이다음에 크면 나 냥으로(내 힘으로) 감제 농사를 져서 좋은 것으로 골라서 실컷 먹겠다고."

선아 엄마의 부지런함과 고지식함은 모두 친정 부모님한테 물려받은 것이었다.

우리는 선아네 식구들을 만석동 천연기념물이라고 우스갯소리를 한다. 선아네 엄마 아빠뿐 아니라 선아와 선웅이도 만석동에서 자란 여느 아이들과 많이 다르다. 선아와 선웅이는 고지식하기로는 제 엄마 뺨치고 군것질도 잘 안 했다. 공부방에서나 동네에서 싸우는 걸 보지 못했고 공부도 스스로 알아서 했다. 중학생 고등학생 때도 엄마가 친척 집에서 얻어 오거나 공부방에서 주는 헌 옷을 골라 입었다. 다른 애들이 유명 상표가 붙은 옷을 입고 신발을 신어도 무심했다. 선웅이는 하다못해 교복도 물려 입고 다녔고 선아는 대학을 다닐 때는 물론이고 인턴사원으로 일하는 지금까지도 헌 옷 바자회에서 산 500원짜리 바지를 버젓이 입고 다닌다. 선웅이는 고3인데도 아직 휴대전화가 없다.

그렇다고 선아네가 다른 집보다 더 가난한 것은 아니다. 비록 언제 철거될지 모르는 낡은 집이지만 등기 있는 40평짜리 자기 집이 있고 (만석동에는 무허가집들이 많다.) 꼬박꼬박 붓는 정기적금 통장도 두서너 개가 된다. 그래도 선아네는 자동차는커녕 오토바이도 한 대 없다. 직업이 변변하지 않아 생활비조차 없는 사람들마저 차 한 대는 꼭 있어야 되는 줄 아는 요즘 세상에 말

이다. 선아네 집엔 오로지 낡은 자전거 한 대가 있을 뿐이다. 선아 아빠는 그 자전거로 야간자율학습을 하고 돌아오는 선아를 마중 나갔고, 주안공단으로 일을 다닐 때는 그 자전거를 타고 출퇴근을 했다. 선아 아빠가 간 뒤 선웅이가 그 자전거를 타고 공부방을 오간다. 그러니 그 가족이 천연기념물이란 소리를 안 들을 리 없다.

선아 엄마는 일을 안 하고 노는 사람들을 경멸한다. 젊은 사람들이 더러운 일, 힘한 일 가려 하는 걸 못마땅해하고, 공장 일보다 서비스업을 선호하는 젊은 엄마들을 보면 화가 난다. 그렇다고 돈벌이가 된다면 아무 일이나 막 해야 한다고 생각하는 건 아니다. 선아 엄마는 사람이 하는 일을 정직한 일과 그렇지 못한 일로 나눈다. 그래서 정직하지 못한 일을 해서 돈을 버느니 차라리 굶어 죽는 게 낫다고 생각한다.

선아 엄마가 고지식한 것은 만석동을 넘어 인천 시내에서도 둘째가라면 서러워할 것이다. 선아 엄마는 어쩌다 천 원 한 장이라도 꾸게 되면 그날로 갚아야 직성이 풀린다. 남한테 기대는 짓을 절대 못하고, 자기가 할 일을 다른 사람한테 떠맡기는 꼴도 못 본다. 그래서 선아 엄마는 선웅이조차 고등학교 2학년까지 제 빨래는 스스로 하게 했다. 올해는 고3이라고 딱 1년만 봐주기로 했단다.

그런 성격 때문에 선아 엄마는 가끔 오해를 받는다. 지독한 구두쇠라느니, 인정머리가 없는 사람이라느니. 하지만 나는 공부방을 20년 가까이 하면서 선아 엄마만큼 손 크고 마음 넓은 사람을 본 적이 없다. 선아 엄마는 부모회에 올 때 가끔 도넛이나 오징어 튀김을 라면 상자 가득히 해 와서 우리를 놀라게 한다. 일요일만이라도 좀 쉬지 이런 걸 왜 해 오느냐고 하면 무뚝뚝하게, "제기제기 처담기나 해(빨리빨리 먹기나 해)." 하고 만다. 선아 엄마는 손이 워낙 커서 무슨 음식을 하든 적게 하지 못한다. 선아 엄마가 해 온 간식은 공부방 식구들이 먹고도 남아 다음 날까지 먹느라고 고생을 해야 한다. 선아와 선웅이는 특히 그런 엄마한테 은근히 불만이 많은데, 걸핏하면 똑같은 음식을 며칠씩 먹어야 하기 때문이다. 언젠가 부모회에서 선아 아빠가, 선아 엄마가 카레를 너무 많이 해 온 식구가 일주일 내내 카레만 먹었다면서 불만을 털어놓았다.

"내가 먹성이 좋아서 그렇지, 웬만한 사람은 이 예청(여편네)이랑 살지도 못할 거여."

그런데 선아 엄마는 선아 아빠 말이 끝나기도 전에 퉁명스럽게 말을 받았다.

"안 살래면 말든가, 잔때(잔소리) 말고 처담든가(처먹든가) 맘대로 하란마시."

그 말이 하도 거칠어 옆에 있던 나는 무안해 어쩔 줄 몰랐는데, 선아 아빠는 선아 엄마를 내려다보며 그냥 허허 웃고 말았다.

선아 아빠는 선아 엄마가 무슨 말을 해도 속에 담긴 따뜻함을 이해했다. 선아 엄마는 자신을 그렇게 믿고 지지해 주는 선아 아빠가 있어서 다른 누구보다 당당하고 자신만만했다.

그런 선아 아빠가 2003년 가을 간암 말기 선고를 받았다. 처음에는 선아 아빠가 아프다는 것을 도저히 믿을 수가 없었다. 선아 아빠는 암 선고를 받기 며칠 전 공부방 정기 공연 무대에서 아이들과 함께 힘차게 북춤을 추었다. 선아 아빠를 큰 형님처럼 따르던 공부방 삼촌들은 당장 선아 아빠가 돌아가실 것처럼 눈물을 글썽였다. 그런데 선아 엄마 아빠는 오히려 그런 우리를 위로하며 말했다.

"괜찮아, 괜찮아. 수술하면 다 낫는대."

핵전술을 받고 일주일 만에 퇴원한 선아 아빠는 정말 괜찮아 보였다. 선아 아빠는 다시 일을 나갔고 두 분은 여전히 씩씩하고 밝았다. 하지만 투병 기간이 길어지면서 선아 엄마도 약해져 갔고 결국 우리 앞에서 눈물을 보이고 말았다.

"이모, 이럴 줄 알았으면 유신이신티 잘해 줄걸 그랬어. 술 먹고 와도 구박하지 말고 술국도 끓여 주고 예뻐해 줄걸……."

선아 아빠가 정신을 잃고 응급실로 실려 간 날은 공부방 자원 교사인 세나 이모와 지호 삼촌이 결혼하던 날이었다. 하지만 우리는 선아 아빠가 응급실로 가셨다는 것을 전혀 눈치채지 못했다. 결혼식에 온 선아와 선웅이의 태도가 평소와 조금도 다르지 않았기 때문이다. 나중에 알고 보니 선아 엄마가 정신을 잃은 선아 아빠를 모시고 병원에 가면서 아이들한테 다짐을 받았다는 것이다.

"공부방 이모 삼촌들 좋은 날이니까 아무 말도 하지 마라."

우리는 어리석게도 선아와 선웅이 연기에 깜빡 속고 말았다. 선아 아빠가 중환자실에서 사경을 헤매는 동안 힘들었을 선아와 선웅이 생각을 하니 마음이 아팠다. 미안한 마음에 병원으로 한걸음에 달려갔다. 침대에 누운 선아 아빠는 황달로 얼굴이 노래지고 배는 복수가 차올라 금방이라도 터질 것처럼 보였다. 선아 아빠를 똑바로 볼 수 없어 저절로 고개를 돌리게 되었다. 그렇지만 선아 아빠는 평소와 다름없이 환하게 웃으며 우리를 대했고 먼저 우스갯소리를 해서 우리를 웃게 했다.

"마을 잔치 했나?"

이런저런 말끝에 선아 아빠가 물었다.

"아니요, 선아 아빠가 안 계신데 무슨 마을 잔치를 해요."

그러자 선아 아빠가 힘없이 웃으면서 말했다.

"그럼 나가 퇴원하믄 잔치해야겠네. 선아 엄마한테 맛있는 거 하라고 해 가지고……."

그 말에 선아 엄마 눈에 눈물이 고였다. 선아 엄마는 우리를 데리고 복도로 나오더니 내 품에 안겨 울었다. 하지만 그것도 잠시뿐이었다. 선아 엄마는 손등으로 눈물을 훔치고 나서 씩씩하게 말했다.

"선아 아빠 집에 가면 정말로 마을 잔치 할 거야, 나가."

하지만 선아 아빠는 그해를 넘기지 못했다.

영안실에서 만난 선웅이는 상주 자리에서 우리를 맞았다. 대견하고 의젓했다. 나와 눈이 마주친 선아는 침을 꿀꺽 삼키더니 웃었다. 선아는 복받치는 설움을 삼킬 수 있을 만큼 엄마를 꼭 닮아 있었다.

"유신이가 나 손을 꼭 잡더니 그랬어. 나한테 시집와서 고생만 시켜 미안하고 고맙다구. 나가 유신이신티 그런 말 들은 게 처음이야. 선아한테는 선웅이랑 엄마 부탁한다고 하구, 그리고 그냥 자는 것처럼 갔어."

흐느끼는 선아 엄마 어깨는 조금만 힘을 주어도 다 부서져 내릴 것 같았다. 선아 엄마 손을 잡고 돌아가시기 전 이야기를 듣는데 선아가 곤란한 얼굴로 제 엄마를 불렀다.

"엄마, 영희 엄마 오셨어."

뒤를 돌아보니 정말로 영희 엄마였다. 영희 엄마는 선아 엄마 돈을 쓴 뒤 갚지도 않고 소식을 끊었던 사람이다. 그런데 선아 엄마는 영희 엄마를 보자 우물쭈물하지도 않고 벌떡 일어나서 영희 엄마한테 갔다. 그리고 손을 덥석 잡으며 울먹였다.

"아니, 니가 어떻게 알고 왔냐?"

나는 선아 엄마가 영희 엄마한테 여기에 왜 왔느냐고, 무슨 염치로 왔느냐고 호통을 칠 줄 알았다. 영희 엄마는 선아 엄마가 어떻게 알뜰히 돈을 모았는지 다 아는 사람이었다. 그래서 선아 엄마의 배신감이 더 컸다. 그런데 선아 엄마는 오히려 그 영희 엄마를 보자 눈물을 흘리며 반겨 주었다.

"형님, 미안해요. 정말……."

영희 엄마가 말도 다 끝내지 못하고 눈물을 흘리자 선아 엄마는 영희 엄마를 끌어안았다.

"왜 이렇게 말랐냐? 밥이나 먹고 사냐?"

누가 위로를 하고 위로를 받는지 알 수 없었다.

선아 엄마는 그렇게 자기보다 더 약하고 가엾은 존재를 품었다. 삶에 지친 두 사람이 얼싸안고 우는 걸 보면서 또 한 번 선아 엄마한테 고개를 숙였다. 언제부턴가 선아 엄마 아빠 앞에서는 가난한 이들을 위한 선택이니 공동체니 하는 말을 떠벌일 수가 없었다. 그리스도의 용서니 사랑이니 화해니 하는 말은 더욱더 꺼내지 못했다. 진짜 앞에서는 원래 가짜가 고개를 숙일 수밖에 없다.

선아 아빠가 간 뒤로 선아 엄마는 가끔 내가 사는 강화 집으로 전화를 한다. 주로 농사일에 대해 이것저것 물으면서 이모 삼촌들이 농사는 제대로 짓고 있는지 떠본다. 그러다가 만석동이

철거되면 강화에 가서 농사짓고 살 거니까 땅 싼 것으로 알아보라고 명령을 내리기도 한다. 또 아주 가끔 선웅이가 정말 초등학교 선생님이 되고 싶어 하는 건지 묻고, 선아가 인턴사원이 끝나면 제대로 취직을 할 수 있는 건지도 묻는다.

가만히 생각해 보면 선아 엄마한테는 선아나 선웅이가 커서 무슨 일을 했으면 좋겠다느니, 어느 대학에 갔으면 좋겠다느니 하는 바람을 들어 본 기억이 없다. 늘 선아나 선웅이가 원하는 것에 맞춰 자신들이 그 꿈을 이룰 수 있는지만 묻고 도움을 줄 뿐이었다. 선아 엄마는 선아가 고3 때도, 지금 선웅이 때도, 마음 졸이는 아이를 보며 "대학 못 간다고 죽나 뭐." 하고 만다.

요즘은 누구나 남들보다 더 잘 살고 더 편하게 살기만을 원한다. 성공은 남들을 이기는 것이고 남들보다 더 많이 벌고 더 많이 쓰고 사는 것이다. 모두 '앞으로 더 앞으로'를 외치고, '높이 더 높이'를 외친다. 그런데 선아 엄마는 남보다 앞서 가려고 발버둥 치지 않고 높은 곳을 올려다보기 위해 불안한 까치발을 한 적이 없다. 누구나 겉보기에 그럴싸한 일만 하고 싶어 하고, 자기가 능력이 되건 안 되건 무조건 최고만 바란다. 하다못해 학원비 댈 돈조차 없는 만석동 엄마들도 자기 딸 아들이 서울대 가고 의사가 되길 바란다. 그러고 보니 선아 엄마는 참말로 별난 사람이다. 고생해서 키운 자식한테 그런 바람 하나 갖지 않으니 말이다.

이번 달 부모회는 선아 엄마가 쪄 온 술빵 덕분에 더 화기애애

했다. 한 달 만에 만난 선아 엄마는 지난달보다 더 마른 것 같았다. 아직도 밤마다 선아 아빠를 생각하며 잠을 설치는 모양이었다. 그런데도 그날은 내내 한동네 사는 민수 엄마의 신세타령을 들어 주었다. 당신도 선웅이 입시 얘기를 비롯해서 하고 싶은 이야기가 많을 텐데도 말이다. 그리고 그것도 모자라 밤 11시에 공부방을 나서면서 "느이 집 가서 커피나 먹자." 하고 그 엄마 손을 잡아끌었다.

선아 엄마와 공부방 엄마들이 간 자리엔 선아 엄마가 쪄 온 술빵이 아직도 한 바구니나 남아 있었다. 우리는 그 술빵을 냉동실에 켜켜로 쌓으며 말했다.

"우리, 선아 엄마랑 아주 오래오래 같이 살자, 응?"

나는 선아 엄마 말대로 나중에 선아 시집가고 선웅이 장가가면 형님 동생 하며 함께 살 거다. 아마 나는 그때까지도 선아 엄마한테 혼이 나며 노동에 대해 삶에 대해 배우고 있을 것 같다.

김중미

1963년 인천에서 태어났다. 1987년부터 인천 만석동에서 '기차길옆작은학교'라는 공부방을 꾸려 왔으며, 지금은 강화로 터전을 옮겨 농사를 지으면서 공부방 활동을 계속하고 있다. 펴낸 책으로는 《괭이부리말 아이들》,《종이밥》,《우리 동네에는 아파트가 없다》,《내 동생 아영이》,《거대한 뿌리》,《꽃섬고개 친구들》,《모여라, 유랑인형극단!》 등이 있다.

파랑새가 깃들어 고목나무가 된
완벽주의자 노가다

박정애

삼척을 생각하면 늘 천변만화하는 바다의 표정들이 떠오른다. 눈 내리는 바다, 비 퍼붓는 바다, 진눈깨비 쏟아지는 바다, 안개에 묻힌 바다, 푸른 비단결 같은 바다, 포효하는 바다, 흰 갈매기 떼 점점이 내려앉은 바다, 다려 놓은 면포 같은 바다, 고운 우유 거품 속에서 금방이라도 신화 속 미美의 여신이 기지개를 켜며 깨어날 성싶은 바다……. 하염없이 바라보다 보면 사람살이의 모양새가 문득 낯설어지곤 하던 그 한가롭고 예쁜 도시에서 내가 박대용이라는 사람을 처음 만난 건, 한여름 새천년도로 조각공원에서 '삼척문학축제'가 열렸을 때였다.

박대용 씨는 그 행사의 사회자였다. 베잠방이 비스름한 그의 입성은 바닷바람 부는 저물녘이라는 시공간에 썩 어울리는 것이었다. 주로 삼척문인협회 소속 문인들이 시 낭송을 하는 그 자리에서 이채롭게도 여고생 한 명이 자작시를 낭송했다. 앞뒤에서 수군거리는 말을 듣자니 그 학생이 사회자의 딸인데 이런저런 문예 공모나 백일장에서의 수상 경력이 화려하다고 했다. 행사가 끝나고 막걸리 잔이 두어 순배 돌았을 때, 나는 삼척에서 알고 지내는 소설가 박문구 씨를 통해 사회자를 소개받았다. 박문구 씨는 "내가 아는 바 인간 박대용은 영동 남부에서 제일 꽉 찬 남자"라는 인상적인 코멘트를 해 주었다. '꽉 찬 남자'란 어떤 의미일까, 살짝 궁금하다 말았다.

  그 여름이 지나고 또 가을이 거지반 지나가 창밖 은행잎 빛깔도 누르데데하니 퇴색해 갈 무렵의 황혼 녘이었다. 전기압력밥솥에서 기차 화통 삶아 먹는 소리를 내며 김이 빠지기 시작하는 참에, 식탁 유리 위의 손전화가 구르다시피 몸을 떨었다. 박문구 씨의 번호가 찍혀 있었다. 이따 7시에 '자전거 도둑'에서 후배의 시 낭송회가 있는데, 시가 괜찮으니까 어지간하면 나와 달라는 용건이었다. 밥 뜸 들기를 기다려 제비 새끼같이 입 벌리고 앉은 아이들에게만 퍼 주고 나는 빈속으로 죽서루 앞에 있다는 카페 '자전거 도둑'을 찾아 나섰다. 코트 깃을 여미고 재게 걷다 문득 올려다본 동쪽 하늘에서 별똥별이 떨어지고 있었다. 순간 어린애처럼 소원을 빌었다. 돈도 건강도 명예도 아닌 소원, 오직 황홀한 작품 한 편, 딱 한 편 쓸 필력을 주십사. 자나 깨나 자식들 건강과 출세를 염원하는 이 세상 떳떳한 어머니들의 입장에서 보자면 나는 얼마나 이기적인 여자일까 생각하며 헛웃음을 웃었다.

카페 입구에는 자전거 바퀴가 걸려 있었다. 어느 시의 제목처럼 혹은 어느 옛날 영화의 포스터처럼, 나도 "꿈의 페달을 밟고" 늦가을의 초저녁 별을 향해 달리고 싶단 충동을 느꼈다. 장딴지에 뻐근하니 힘이 들어갔다. 자전거 도둑이라. 자전거를 도둑맞은 가난한 노동자가 자전거 도둑이 되고 만다는 줄거리를 가진 영화가 있었고, 젊어서 죽은 어느 소설가가 또 그런 제목의 소설 한 편을 썼었지. 삐걱거리는 좁다란 층계를 올라가니 맞은편 벽면에도 낡은 자전거가 걸려 있었다. 카페 이름도 그렇고, 레코드판이 쌓인 자그마한 음악실이 딸린 70년대 음악다방 풍의 촌스런 인테리어도 그렇고, 시 낭송이야 어쨌거나 간에 나는 늦가을의 토요일 저녁, 내 생의 한 마디를 꽉 채우기에 이만하면 족하단 생각을 했다.

내 발자국 소리가 울리자마자, 청실 같은 머리채를 허리 아래까지 늘어뜨리고 화려한 꽃무늬의 공단 원피스를 입은 한 여자가 나타나 '박대용 제2회 개인 시 낭송회'란 제목이 붙은 작은 책자를 쥐여 주면서 자리 안내를 했다. 동작이며 형용이며 휘파람새처럼 애잔한 느낌을 주는 그녀는, 작은 동산처럼 솟은 등을 가진 척추 장애인이었다. 부인이구나, 첫 만남이었으나 나는 단

박에 그녀의 정체를 알아챘다. 더러는 잘 알고, 더러는 안면이 있고, 더러는 전혀 낯선 사람들이 어우러져 만들어 내는 분위기의 틈서리에 나는 안온히 들어앉았다. 누군가 내 앞의 잔에 포도주를 부어 주었다. 빈창자가 꼬르륵꼬르륵 아우성을 쳤다. 시뻘건 양념 사이로 오이의 연푸른빛이 드문드문 비치는 골뱅이 무침, 촉촉한 육질과 특유의 냄새로 오감을 자극하는 훈제 칠면조, 찐득찐득한 단물이 배어 나온 군고구마, 옛날식으로 구운 도톰한 빵과 과자, 그리고 적포도주가 놓인 테이블. 나는 부지런히 술과 음식을 탐하며 박대용의 시를 읽고 들었다.

그날의 사회자 박문구 씨는 맡은 바 임무를 다하면서도 줄곧 권커니 잡거니 소주를 들이켰다. 그날의 주인공 박대용 씨 또한 본인이 호명될 때만 빼고는 내내 소주를 들이켰다. 참으로 죽이 잘 맞는 선후배를 물끄러미 관찰하면서 나는, 몸과 마음의 포만감을 한껏 즐기고 있었다. 그 포만감 속에서 이른바 "영동 남부에서 제일 꽉 찬 남자"라는 인간 박대용에 대한 호기심이 부쩍부쩍 자랐다.

시 낭송회가 끝나자 본격적인 술자리가 이어졌다. 박대용 씨가 나에게 술 한 잔을 따라 주었다. 오른손 다섯 손가락 모두가 조금씩 끊기거나 흉이 져 있었다. 그 상처 뒤안길의 고통이 핏빛으로 선연하여 나는 눈길을 돌리고 말았다. 술잔을 입에 댄 채 아까 받은 소책자를 하릴없이 뒤적거리다 "한 사내가 지워졌다/사내가 힘겹게 끌고 가던 길이 뚝 끊어졌다/가로등 휘어진 등짝 위에/몇 광년 밖의 어느 작은 마을에서/남루를 걸치고 떠나왔을 추억 하나 걸렸다/누군들 빛과 어둠이 몸을 섞는 모퉁이를 지나오지 않았으랴"(박대용 시 〈모퉁이〉 중에서)라는 시구에서 잠시 아렸다. 휘파람새 같은 여자가 잘게 찢은 오징어 쟁반을 탁자에 내려놓는 사품에 퍼뜩, 얼굴을 들었다. 순간, 나는 휘파람새가 고목나무 가장귀에 앉아 있는 그림을 떠올렸다. 휘파람새와 고목나무는 피로와 보람과 신뢰가 섞인 눈웃음을 주고받고 있었다.

　두어 주나 지났을까, 은행잎도 다 떨어진 초겨울 밤, 이 글을 쓰기 위해 박문구 씨를 거쳐 박대용 씨와의 술자리를 만들었다. 동태찌개가 보글보글 끓었지만, 박대용 씨는 소주만 마셔 댔다. 술 마시는 속도는 빨랐으나 말하는 속도는 답답할 만치 느린 사람이었다. 내가 득달같이 질문을 하면, 박대용 씨는 번번이 뒤란부터 사립짝까지 한참을 톺아 나와 엉거주춤 두리번거리고서야 한두 마디 대꾸하곤 했다.
　각설하고, 그는 1961년 음력으로 동짓달 스무날에 5남매 중 둘째 아들로 태어난 '미련 곰탱이'랬다. 도계읍 전두리 7번지, 한때는 강원도 산간 지방 특유의 너와집이었으나 어느 해 모진 태풍이 지붕을 날름 말아먹은 다음부터 근덕 평야 지대의 볏짚을 사서 이엉을 인 초가집에서 어린 시절을 보냈다. 논이 없는 고장이다 보니 이밥 구경을 하기 힘들었다. 광업소 다니는 집들은 배급표로 정부미라도 타 먹었으나 농사짓는 축들은 옥수수, 감자, 보리가 주식이었다. 농협 기관장을 했던 작은할아버지네는 매일같이 하얀 이밥을 먹었다. 그는 입안에서 살살 녹는 그 맛난 이밥을 얻어먹기 위해 철들 때까지 줄기차게 작은집을 들락거렸다 한다.

도계 사내 박대용은 도계초등학교, 도계중학교를 거쳐 태백공업고등학교 정밀기계과에 입학했으나 3개월 만에 퇴학당했다. 태백 출신 3학년 선배들이 도계 출신 신입생들을 설다루자 도계중학 세븐스타 출신들이 깡으로 되받아침으로써 벌어진 패싸움 때문이었다. 장성 읍내가 떠들썩했던 그 패싸움을 끝으로 박대용은 학교에 대한 미련을 싹 접었다. 학교는 시인을 꿈꾸던 그에게 시적인 것의 바스라기조차 준 적이 없었다. 까닭 없이 때리고 맞는 일이 일상적으로 벌어지는 학교는 지긋지긋한 폭력의 소굴일 뿐이었다. 중3 때는 단지 여학생과 어울렸다는 이유로 체육 교사에게 쇠파이프로 맞아 체력장 시험을 볼 수 없었고, 고등학교 입학해서는 선배들에게 날마다 얼차려를 당하다 패싸움에 휘말리고 말았다. 물론 학교 밖의 세상 또한 얼마나 서럽고 무서운 곳인지는 알지 못했던, 아직은 풋풋한 십대였다.

1977년, 열일곱 소년은 신문에서 오려 낸 '숙식제공 공원모집' 광고를 점퍼 안주머니에 품고 청량리행 밤기차를 탔다. 개발 독재 시대 부흥기를 맞은, 문래동 안양천변 플라스틱 성형 공장에서 그는 노동자 인생의 첫걸음을 떼었다. 그러나 2교대 야간작업 끝날 즈음 한순간 졸음에 오른손 다섯 손가락이 사출기에 박히는 사고를 당했다. 기름밥 먹은 지 석 달 만의 일이었다. 온 세상이 먹먹하니 운행을 정지하는 듯했다. 의사가 장갑을 벗겨 내고 소독을 하는데도, 신경을 살릴 수 있을까 없을까 혼잣말을 하며 손가락을 돌려 보는데도, 그는 도통 감각이란 것을 느끼지 못했단다. 내 어머니가 작두에 짚여물 썰다 집게손가락 끊긴 사연을 이야기했더니, 그의 여동생도 초등학교 4학년 때 작둣날에 손가락을 날렸다고 했다. 그 수많은 손가락들은 다 어디로 갔을까, 뜬금없이 그런 생각을 잠깐 했다.

3개월 노동하고 3개월 입원했다가 퇴원해서 또 3개월 일하고, 그의 공장 생활은 종을 쳤다. 도계로 내려간 그는 도계광업소 임시직으로 취직했다. 손 때문에 정규직 입사는 힘들었다. 대부분 퇴직자와 산재 환자들로 이루어진 광업소 임시직 막장 인생은, 열아홉 푸른 나이가 수긋이 받아들이기 힘든 것이었다. '오늘 갑방 끝나고 내일 을방 나가는 날'이거나 '오늘 을방 끝나고 내일 병방 나가는 날'이거나 간에, 허구한 날 술에 취한 열아홉 막장꾼은 할머니가 싸 준 도시락, 일명 '벤또' 보자기를 횡횡 돌리다 검은 산 검은 계곡의 검은 아가리를 향해 던져 넣기 일쑤였다. 내일은 반드시 그만두겠다는 결심의 표현이었지만, 막상 할머니가 말없이 도시락 보자기를 쥐어 주는 내일이 오면 갑방이든 을방이든 병방이든 막장으로 나서지 않을 도리가 없었다. 그러기를 1년, 마침내 박대용은 마지막 '벤또'를 대보름날 쥐불놀이 깡통처럼 힘차게 돌리다 내던지고는 남쪽의 항구 도시 부산으로 갔다.

때마침 겨울철이라 골목골목 '찹싸알 떠어억'을 외고 다니는 찹쌀떡 장사를 하다가 봄부터는 야바위 패거리에 끼어 장터를 쫓아다녔다. 그러구러 여덟 달을 살다 보니 또 봄이 왔다. 발가락이 간질거렸다. 야바위 패거리에서 빠져나와 무작정 걷기 시작했다. 그냥 한번 걸어 보자, 발길 닿는 대로 걸어 보자, 의미도 생각도 없이 무조건하고 한번 걸어 보자는 마음이었다. 남도를 돌아서 반도의 북쪽으로 지향도 목적도 없이 다만 걸을 따름이었다. 그 와중에도 도계만은 한사코 피해서 걸었으니 영혼에 박힌 가시를 덧들이고 싶지 않아서였다. 낮에는 걷고 밤에는 길거리에서 잤다. 운수가 억세게 좋은 날에는 초상집을 만났다. 상여만 메어 주면 밥 실컷 얻어먹고도 상두꾼 삯까지 받을 수 있는 데다 상엿소리가 마치 전생부터 익숙한 가락인 듯 귀에 착착 감겼으니 그로서는 땡땡구리 잡은 날이 아닐 수 없었다. 두 켤레째 신은 운동화가 발바닥 가운데만 남고 앞뒤로 떨어져 나간 여름날, 한 계절을 외롭고 쓸쓸하게 걷고 걸어 그의 발길이 이른 곳은 강릉이었다. 강릉에서 그는 도계중학 세븐스타 출신으로 강릉 명륜고에 다니던 친구와 어찌어찌 마주쳤다. 그 친구가 도계 본가에 연락하는 바람에 하는 수 없이 박대용은 다시금 허청허청 도계에 발을 들여놓았다.

스물한 살의 그가 이번에 몸담은 곳은 광업소 하청 업체였다. 광부 일이 어디라 힘들지 않겠느냐마는 하청 업체에서는 더했다. 오로지 착암기에만 의지하여 낙탄을 채굴하는 일이었다. 원래 갱도에서 굴진할 때는 방진 마스크를 쓰고 물대포로 물줄기를 뿜으면서 해야 하는데 하청 업체에서는 그런 장비를 갖추어 주지 않았다. 방진 마스크도 물대포도 없이 착암기로 굴진하고 나면 갱도 안은 소음과 먼지로 가득 찬 지옥이 되곤 했다. 귓속뿐 아니라 온몸을 진동시키는 소음, 살갗뿐 아니라 온몸의 구멍이란 구멍은 악착같이 점령하고야 마는 검은 먼지의 지옥이었다. 뽕끼머리(광차가 다니는 선로에서 레일이 갈라지는 부분으로 바깥 공기와 통하는 곳을 가리키는 막장 은어)에서 담배 한 대를 피우고 나야지만 제정신이 돌아왔다.

그러던 어느 날, 어쩌면 '오늘 병방 끝나고 내일 갑방 나가는 날', 도계 역전에서 도계 출신 문학청년들로 구성된 돌담문학회의 시화전을 둘러보던 그의 가슴속에서, 오래 묻어 두었던 문학에의 꿈이 들썩거리기 시작했다. 그 길로 돌담문학회에 가입했으나 이듬해에는 세월 탓인지 사람 탓인지 문학회 활동 자체가 흐지부지되어 버렸다. 스물두 살의 그는 월급을 털어 《도계신문》을 내는 일에 도전했다. 3천 부 찍은 1호를 다 팔고 찬조금까지 수

두룩이 받은 그는 몇 호만 더 내면 사무실도 얻을 수 있겠다는 꿈에 부풀었다. 그러나 구공탄 난로 피워 놓고 밤새워 정성껏 만든 《도계신문》 2호는 도계지서 형사의 손에 몽땅 압수되어 버렸다. 실상 아무런 문젯거리가 없는 신문이었으나 '문제를 가질 소지가 많으므로 폐간하라'는 명령을 받고 보니 세상 돌아가는 꼴이 참으로 우습고도 무서웠다. 그즈음 '고동'이란 이름의 문학 동인을 조직하려다 그마저 실패했다. 도대체가 되는 일이 없었다. 저 악명 높은 5공화국 시절의 일이었다.

스물세 살, 또다시 아무도 모르게 도계를 떴다. "도계는 언제나 도계 그 자체이지만" 그에게는 늘 "철저히 버리지 않으면 처절히 그리운 무엇"이었다. 서울에서 카페 서빙도 하고, 노가다도 뛰면서, '창시'와 '일터' 동인 활동을 했다. 이대 앞 카페 '문예사랑'에서 서빙하고 숙식을 해결하며 동인들과 시화전을 열었다. 미대 출신 문예사랑 주인에게서 꽤 수준 있는 미학 강의를 듣기도 했다. 스물네 살 때 대학로 기독회관에서 열린 보리수문학회 시 낭송회에서 아내를 처음 만났다. 화사한 차림새에 긴 머리를 엉덩이 아래까지 치렁치렁 늘어뜨린 한 여자가 맨 앞줄에 오뚝, 앉아 있었다. 워낙 눈에 띄는 차림새이기도 했지만, 어쨌거나 그의 눈에는 숱한 다른 여자들이 하나도 들어오지 않고 애오라지 그녀만 보였다.

"야, 저 가시나가 누구냐?"

같이 갔던 친구에게 물어보았다.

"꿈도 꾸지 마라, 이 자식아. 찬바람이 어찌나 쌩쌩 부는지 웬만해 갖곤 말도 못 붙인다."

본명은 모르고 예명이 파랑새(이 대목에서 나는 휘파람새가 고목나무 가장귀에 깃들인 그림에서 휘파람새를 지우고 파랑새를 앉혔다.)라는 것만 겨우 알아냈단다. 술기운에다 젊은 사내의 오기 내지는 객기가 99퍼센트였겠지만, 그래도 운명이 1퍼센트는 충동질했으니 그렇게 따라붙었을 것이다. 종로 5가 지하철역까지 그녀를 따라가서는, "파랑새, 당신은 내가 찍었으니까 다른 데 눈 돌리지 마요." 했다.

몇 다리 건너 여자의 전화번호를 알아내 종로 5가에서 한 번 더 만나 "당신은 내 여자"임을 확인시키긴 했으나 여자는 콧방귀도 뀌지 않았다. 하긴 더펄머리, 채수염, 너저분한 입성에다 온갖 시시껄렁한 잡지 나부랭이와 술병 두서넛이 든 가방을 메고 다니는 사내에게서 어떤 여자가 미래를 그리겠는가. 그 자리에선 호기롭게 나중을 기약했지만, 스물넷의 그는 불안한 청춘의 버릇대로 그저 세월아 네월아 시간을 낭비했다. 그녀가 일행과 함께 문예사랑에 들렀을 때는 왠지 머쓱하여 눈인사만 하고 말았다. 문학청년 그룹으로 얽히고설켜 있어 이리저리 만날 일이 생겼지만 역시나 그 모양 그 꼴로 한 발짝 더 나아가지는 못했다.

1년쯤 지난 뒤, 적극성을 보인 쪽은 외려 그녀, 파랑새였다. 문예사랑 폐업 기념으로 그의 패가 여자들 패와 어울려 동해안 일주를 다녀온 다음이었다. 혼자서 그의 자취집을 찾아왔던 그녀가 돌아가면서 종로까지 바래다 달라고 했다. 남한산성에서 종로5가까지 가는 동안 내내 변죽만 울리던 그녀는 지하도로 내려가면서야 비로소, "나랑 사귀어 볼 마음, 아직도 있어?" 했다. 그러고는 결혼할 때까지 3년을 연애했다. 여자와 연애하면서 그는 더 이상 '생활'의 문제를 외면할 수 없다고 생각했다. 용접과 제관 기술을 '제대로' 배웠다. 알다시피 용접이란 쇠붙이를 녹여 붙이는 일이고 제관이란 철골 구조물을 제작하고 설치하는 기술이다. 그는 원체 일을 안 했으면 안 했지 할 때는 확실하게 하자는 주의

이다. 하는 둥 마는 둥 어릿거리는 건 딱 질색이란다. 인간의 창조력이란 기실 시인의 눈으로 보면 아무것도 아니다. 하늘빛 개불알풀 한 송이를 피워 낼 수 없는 창조력이 아닌가. 그러나 땀과 노동과 기술을 아낌없이 바쳐 한라시멘트 버킷 타워를 세웠을 때, 그 생명 없는 철골 구조물을 바라보면서 그가 느낀 희열은 하잘것없는 인간의 창조력이 얻을 수 있는 최대치의 보람이었다.

그의 나이 스물여덟, 파랑새의 나이 서른다섯에 결혼식을 올렸다. 처가에서는 염려스레 승낙했고 본가에서는 몹시 반대한 결혼이었다. 젊고 건강한 강원도 여자도 많은데 왜 하필 늙고 불편한 전라도 여자와 결혼하느냐, 눈에 뭐가 씌어도 단단히 씌지 않고서야 그럴 수 있느냐, 뭐 그런 얘기들이 난무했었다. 임신한 아내를 데리고 산부인과에 가니 산부인과 의사가 "이 무지막지한 원시인아, 어떻게 이런 몸에 임신을 시키냐?" 하고 그를 야단쳤다. 의사는 인공 유산을 강권하고, 그는 자식을 보고 싶은 마음과 아내를 걱정하는 마음 사이에서 엉거주춤하는데, 정작 아내는 단호히 출산을 고집했다. 임신 4개월에 입원하여 출산하고도 2개월 더 있다가 퇴원하는 대장정 끝에 파랑새는 원대로 딸아이의 엄마가 되었고, 그는 아빠가 되었다.

그가 서른셋, 딸이 다섯 살 되던 해, 그는 그토록 벗어나고 싶었고 걸핏하면 떠나 버릇했던, 그러나 무시로 까마귀조차도 그리운 고향 땅 발치에 정착했다. "도계는 언제나 도계 그 자체이지만/도계적으로 살지 못하고/나는 어디에서도/어디적으로 살지 못하고/흘러 흘러서 어디에 닿았는가"(박대용 시 〈도계에서〉 중에서)

남편 하나 의지하여 산 설고 물 선 강원도 땅으로 따라와 준 아내에게 그는 다만 고마울 따름이다. 사실이지 그녀는 몸 하나 남보다 불편하달 뿐 삶에 대한 태도는 보통 사람보다 훨씬 강하고 독립적이며 진취적인 여자이다. 언제라도 자립할 수 있도록 디자인과 꽃꽂이, 동양매듭, 제과, 제빵, 요리 등의 분야에서 각종 자격증을 따 놓고 프로급의 기술을 연마해 두었다. 박문구 씨의 증언에 따르면, 그녀는 집 안에서도 언제나 화사하게 꽃단장을 하고 있을 뿐 아니라 가지각색의 술과 차를 구비해 두고 있는데, 술잔이나 찻잔, 안주 그릇 하나에까지 시적이고도 미학적인 자기 세계를 가지고 있단다. 딸내미 대학 가고 나면 삼척 문인들이 저녁마다 모일 수 있는 사랑방 같은 소담스런 카페 하나 내는 것이 그녀의 꿈이라는데, 감잎, 결명자, 복분자, 뽕잎, 오미자, 앵두, 감귤, 오디, 삼지구엽초, 산초, 고추, 사과, 모과 기타 등등, 온갖 과실과 약초로 1.8리터짜리 술을 삼백 병 넘게 담가 놓았다니 한밑천은 마련해 둔 셈이다.

박대용은 파랑새를 사귄 다음 배운 제관 기술로 지금껏 자식

기르며 먹고살았다. 큰 어려움은 없었으나, IMF 구제금융 때는 단가가 워낙 떨어져 아예 1년 정도 일을 쉬었다. 노동자의 자존심을 무너뜨리는 대가에 노동력을 팔기는 싫었다. 다 때려치우고 개장사를 할 생각을 해 보았으나 밑천이 너무 많이 들어 포기했다. 그래서 국립 강릉직업전문학교에 입학하여 소정의 생활비를 받아 가며 산업제관 전문 교육을 받았다. 덕분에 특수용접기능사 자격증은 땄으나 그 정도는 오래전부터 가지고 있던 기술이었다. 거기서 무얼 새로 배웠다기보다는 되레 그곳 학생들 실습 교육을 시켜 주기 일쑤였다.

현재 제관 노동자 박대용 씨의 일당은 12만 원 선에서 오르락내리락한다. 요즘은 신기면과 도계읍에서 우사 건축을 하고 있다. 삼척문인협회와 두타문학회 활동도 그 나름으로 열심히 하고 있으나, 아내와 자식이 생긴 이후로 박대용 씨에게는 어디까지나 '생활'이 먼저이고 시는 소일거리이다. 그는 내가 혹시라도 '노동 시인'이라는 수사를 붙일까 봐 경계했다. 노동은 노동이고 시는 시일 뿐, '노동'의 수식을 받는 '시인'이라니 가당찮단다. 일 자체가 시적 집중력을 요구하기에 일할 때는 전화도 받지 않는 '완벽주의자 노가다'가 그이다.

"우사 하나를 짓더라도 완벽하게 지어야 하는 이유가 뭔가?"

내 어리석은 물음에 그는 지혜로운 답을 주었다.

"그래야 일감이 또 들어오니까. 일감이 들어와야 먹고사니까."

"사랑방 같은 카페를 열고 싶다는 건 아내의 꿈이겠지? 당신의 꿈은 뭔가?"

시보다 생활이 우선이라는 제관 노동자 박대용이 대답했다.

"땀 뻘뻘 흘리며 일하고 난 뒤 마시는 소주 한 잔처럼 맑고도 짜릿한 절대어의 시 한 편!"

그래, 그렇겠지, 어찌 아니 그러랴. 가을밤 별똥별에게 소원을 빌던 나, 파랑새를 품에 안고서도 영원히 파랑새를 찾고픈 열망을 앓고야 말 그의 생을 위하여, 그의 빈 잔에 소주를 넘치도록 따라 주었다.

박정애

1970년 경북 청도에서 태어났다. 1998년 《문학사상》을 통해 등단했으며, 현재 강원대학교 스토리텔링학과 교수로 일하고 있다. 펴낸 책으로는 《에덴의 서쪽》, 《물의 말》, 《춤에 부치는 노래》, 《죽죽선녀를 만나다》 등의 소설과 청소년 소설 《환절기》, 《다섯 장의 짧은 다이어리》, 동화 《친구가 필요해》, 《똥 땅 나라에서 온 친구》 등이 있다.

몸으로 뛴 사람만이 지을 수 있는
나른한 미소

이기호

　오늘 내가 소개할 사람은 장편 극영화 연출부에서 '막내'로 활동하고 있는, 올해 우리 나이로 스물네 살인 김민지 씨이다. 사실 나는 이 첫 문장을 쓰기 위해 적지 않은 고민을 해야만 했다. 뭐, 별다른 고민은 아니고, 바로 저 위 문장에 들어 있는 김민지 '씨'라는 호칭 문제 때문이었다. 처음에 나는 그냥 '김민지'라고 썼다. 그러다가 아무래도 마음에 들지 않아 다음엔 김민지 '양'이라고 썼다. 에이, 그건 또 아니지, 생각이 들어 그냥 민지(이 이름은 눈으로 보는 것보다 직접 발음해 보면 더 예쁘다.)라고 했는데, 그것도 영 탐탁지 않아 다음엔 김민지 '님'으로, 또 그 다음엔 김민지 '군'으로, 계속 고치고 고치다가, 아아, 몰라 몰라 그냥 미스 김으로 가자, 해서 한참을 그렇게 써 내려가다 보니, 그게 또 영 아니어서 다시 처음으로 되돌아와야만 했던 것이다.

사람을 보는 내 취향의 문제도 있겠지만, 나는 그것은 전적으로 김민지 씨의 탓이라고 생각했다. 김민지 씨가 현재 딛고 있는 복잡다단한 세계가, 그녀를 하나의 호칭으로 부르지 못하게 만든 것이라고 말이다. 하지만 나는 또 그런 생각도 했다. 아, 하나의 호칭으로밖에 불릴 수 없는 사람은 얼마나 따분한 인생이란 말인가.

누군가가 누군가를 불러 주었을 때, 우리는 우리 자신의 정체성을 확인하고 인식하게 된다. '선생님'은 누군가가(대부분 학생들이겠지.) '선생님'이라고 불러 주어야만 자신이 '선생님'인 줄 알게 된다. 그런데 문제는 거기에서부터 시작된다. 사람들은 자진해서 자신에게 부여된 많은 호칭 중 오직 하나의 호칭만을 선호하고, 그에 걸맞은 행동을 하려 노력한다. 교사들은 자신들이 선생님이라고 불리지 않을까 봐 걱정을 하고, 사장님은 직원들이 사장님이라고 불러 주지 않으면 화를 낸다. 아버지도, 어머니도, 자식도, 할아버지도 모두 하나의 굳어진 호칭만을 원한다. 모두 하나의 정체성만을 원한다.

나는 그 속사정이 혹 '불안' 때문은 아닐까 의심해 본다. 자신이 누군가에게 누군가로 인식되지 않을까 봐 불안해하는 마음. 솔직히 나 역시도 거기에선 자유롭지 못하다. (나는 때때로 누군가 나를 백수로 부를까 봐, 나를 건달로 부르면 어쩌지, 하는 불안에 사로잡힌다.)

한데, 오늘 내가 소개할 이 주인공은 그저 모든 것이 유동적일 뿐이다. 누가 자신을 김민지 '씨'로 부르든, 미스 김으로 부르든, 백수로 부르든, 네 맘대로 하세요, 하고 나른한 웃음을 지을 태세이다. 허, 거참, 옆에서 지켜보는 사람으로선 이건 너무 지나친 낙관이구나, 하는 생각이 들다가도 불쑥불쑥 부러운 마음이 고개를 내미는 것도 사실이다. 그러다가 나는 그것이 또다시 내 불안 때문이구나, 하는 생각을 하게 되었다. 누군가를 하나의 호칭으로 부르지 못하면 불안해하는 내 마음. 아아, 소심한 사람.

김민지 씨는 올해 스물네 살의 꽃다운 처녀이다. 그러나 나이만 꽃답지 하고 다니는 모양새는 전혀 그렇지가 못하다. 파마 한 번 하지 않은 듯한 검은 생머리와 검은 뿔테 안경, 헐렁한 티셔츠와 구김 많은 면바지, 그리고 금방이라도 제멋대로 달려 나갈 듯한 운동화까지. 피부를 보아하니 생전 화장이라곤 저 옆 나라 가부키 배우들이나 하는 것쯤으로 여기고 산 듯하다. (그러나 오해 말길. 그만큼 투명하다는 뜻이니.) 스물네 살이라는 시절이 아쉬울 법도 한데, 그녀는 그리 신경 쓰지 않는 눈치였다. (역시나, 연애 한 번 못해 본 친구였다.)

사실, 그녀와 나는 별다른 인연이 없다. 예전, 알고 지내던 대학 후배에게서 그녀의 이야기를 몇 번 들었을 뿐이었다. 후배는 당시 학교를 다니면서 단편 영화에 주연 배우로 출연하고 있던 중이었다. 몇몇 마음 맞는 친구들이 함께 모여 작업한 단편 영화였는데, 말이 좋아 단편 영화이지 실상은 거의 생 '노가다'에 가까웠던 모양이다. 후배는 하루걸러 한 번씩 내게 하소연을 해왔다.

"아, 어떻게 그만두는 방법이 없을까요? 나, 정말 죽겠다니까요."

"그러게, 연기 아무나 하냐? 네가 무슨 전지현이라고."

"그래도 여자 주연 배우라니깐……."

"출연료는 얼마나 준대?"

"출연료가 다 뭐예요. 다들 밥도 못 먹고 하는데……."

"얼른 그만두고 공부나 해라. 꼭 공부하기 싫은 것들이 괜히 자기가 전지현인 줄 알더라."

"나도 그러고 싶은데……."

후배는 그러면서 그녀, 김민지 씨에 대한 이야기를 내게 처음 해 주었다. 한 여자가 있다, 우리가 찍는 영화에 스크립터로 참여하고 있는 여자다, 스크립터지만 온갖 잡일을 다 하고 있다, 말도 별로 없고 그 누구와도 그리 친해 보이지는 않는다, 그런데 그 여자 때문에 그만두고 싶어도 못 그만두겠다, 등등.

"왜? 그만두면 걔가 때리기라도 한대?"

"아니요, 그냥요……. 왜 거, 사람 괜히 미안하게 만드는 사람 있잖아요? 걔가 딱 그래요."

처음 나는 흠, 이건 핑계군, 하고 간단하게 생각했다. 미안한 게 어디 있나, 출연료도 안 주고 밥도 안 주는 판국에, 이 친구 아직 세상 물정 모르는군, 하고 말이다. 하지만 후배에게는 단순히 그 차원의 문제가 아니었던 것 같다.

"무슨 기집애가 나랑 동갑인데, 목숨 걸고 하는 거 같으니……."

후배는 끝내 그 단편 영화에서 빠져나오지 못했다. 대신 그 스크립터와 말을 터놓고 지내는 사이가 되어 버렸다. 뭐, 대충 이런 거 아니겠는가. 돈도 안 되고 밥도 안 주는 '노가다'에서 피어난 우정.

후배는 기회가 있을 때마다 나에게 그 스크립터 얘기를 해 주었다.

"선배도 걔 한번 만나야 한다니까요."

"왜? 소개팅인가?"

"정신 좀 차리라고요."

"내가 뭘?"

"함부로 살잖아요."

후배의 말에 나는 이게 하늘 같은 선배를 어떻게 보고, 어찌

고저쩌고 한마디 해 주려 했지만, 결국 아무런 말도 하지 못하고 하늘만 바라보았다. 늦게 자고 늦게 일어나는, 아무것도 하지 않고 하루 종일 누워만 있는, 그런 내 생활이 떠올랐다. 그리고 그로부터 몇 개월 뒤 나는 그녀, 김민지 씨를 처음 만나게 되었다. 후배 말대로 정신 좀 차리고 싶었으나, 아아, 나는 그냥 내 멋대로 소개팅으로 생각했다. 민지, 이름이 곱지 않은가.

김민지 씨는 대구에서 태어나 그곳에 있는 여자고등학교를 졸업했다. 중산층 가정의 일남 일녀 중 장녀로 태어났고, 학교에서 정학을 맞거나 근신을 맞은 적도 없는, 착실하다면 착실하고 평범하다면 평범한 성장기를 거쳤다. 성적도 딱히 과격하거나 소심하지 않게, 고만고만한 평점을 유지했다고 한다. 그러니까 뭐랄까, 그녀는 마치 초등학교 국어 교과서에 나오는 '순희'와도 같은 캐릭터로 살아온 것이다. 그 누구나 될 수 있는 '순희', 세상에 널려 있는 '순희', 철수가 부르면 나오는 '순희'.
한데, 대학 입시를 거치는 동안 그녀는 그 누구나 될 수 있는 '순희'에서 조금씩 조금씩 이탈하기 시작했다. 철수가 아무리 목이 터져라 불러 대도 대답하지 않는 '김민지'로 변하게 된 것이다.
그녀는 대학을 가지 않았다. 처음부터 그녀가 대학에 가지 않겠다고 마음먹은 것은 아니었다. 그녀는 모두 네 군데 대학에 입학 원서를 냈다. (지금은 가군, 나군, 다군으로 모집하지만, 그때만 해도 라군까지 원서를 낼 수 있었다.) 두 군데는 연극영화과였고, 나머지 두 군데는 치기공학과와 경영학과였다. 그리고 그중 두 군데의 대학에 합격했다. 모두들 예상했겠지만 그녀가 붙은 대학은 연극영화과는 아니었다. (그해 연극영화과 입시는 언제나 그렇듯 전국 최고 경쟁률을 기록했다.) 그녀는 연극영화과 입시를 위해 연기 학원을 다닌 것도 아니었고, 아역 탤런트 생활을 한 것도 아니었다. (그녀는 연출 전공이었으므로 실기가 필요 없었다.) 이쯤에서 나는 그녀가 왜 영화를 전공하려 했는지, 왜 굳이 전국 최고 경쟁률이 빤히 예상되는 연극영화과를 지망해야 했던 건지, 묻지 않을 수가 없었다.

"그냥요, 그냥 이미지가 좋았어요. 중학교 때 사진기 하나를 갖게 됐는데, 그때부터 뷰파인더 안에 들어오는 세계가 마냥 좋더라고요. 영화는 그 이미지들을 한데 모은 거잖아요. 그래서 내가 좋아하는 그 세계로 가기로 한 거죠, 뭐."

이 대목에서 나는 조금 실망했다. 나는 무언가 좀 거창한 대답을 기대했다. 뭐, 많지 않은가. 히치콕의 영상 미학이 좋았어요, 혹은 내 안에 숨어 있는 서사 체계를 영상으로 풀어 놓고 싶었어요, 등등 멋진 말들이 많지 않은가. 한데, 고작 이미지라니, 내가 좋아하는 세계라니. 지가 무슨 이상한 나라 폴이라고 좋아하는 세계로 달려가는가.

"뭐, 그래도 고등학교 때 인상 깊게 본 영화 없어요? 감독도 좋고."

"그런 거 없어요. 영화도 별로 안 보고……. 말했잖아요. 난 그냥 내가 내 이미지를 만들고 싶어서, 그래서 영화를 전공하기로 한 거죠."

영화도 별로 안 보고 영화를 전공하기로 한 그녀는 그해 연극영화과 입시에서 보기 좋게 낙방하고 만다. 원래 그런 친구들의 다음 코스는 뻔하다. 재수를 하거나 치기공학과에 들어가 영화 동아리에 들어가는 일. 그것이 합리적이고 안전한, 현대인들의 자기 제어 능력이고, 국가 표준 행보이다. 허나, 그녀는 그러지 않았다. 그녀는 연극영화과에 낙방한 이후, 치기공학과와 재수를 포기하고 서울로 상경, 덥석 한 사설 영화 아카데미에 등록하고 만다. 이 부분에서 그녀는 그녀의 부모님과도 잦은 마찰을 겪어야만 했다.

"전요, 대학이 별로 필요하지 않았거든요. 대학에선 학문을 배우잖아요. 그리고 그 다음에 실무를 배우고요. 전, 그냥 내가 하고 싶은 영화의 실무를 4년 먼저 접하자, 그렇게 생각했어요. 부모님이 반대했지만, 제 의지가 더 셌으니까……."

사실, 이것도 내가 원했던 답은 아니었다. 뭐랄까, 이건 너무 간단하다는 생각이 들었다. 우리의 삶은 결코 이렇게 간단하지만은 않은 법이니까. 반대하면 큰소리가 나고, 이쪽에서 큰소리가 나면 저쪽에서도 좋은 소리가 나오지 않고, 그러면 또 누구는 단식으로 결사 항전하고, 설령 그렇게 악다구니 끝에 결판이 난다 하더라도, 그것은 자연 부풀려지기 마련인데……. 한데, 그녀는 모든 것이 간단명료했다. 영화가 좋았고, 난 그 길로 갔다, 그것이 내 의지다.

그녀 말을 들으면서, 김민지 씨가 엄살을 잘 못 부리는구나, 하는 생각이 들었다. 그녀 말처럼 그렇게 상황이 간단했더라도, 그렇게 말하지 않는 것이 좋을 텐데, 조금 과장해도 좋을 텐데, 엄살도 사회성의 중요한 덕목 중 하나인데……, 하고 말이다. 나는 늘 그랬는데…….

대학 등록금으로 아카데미에 등록하고 본격적으로 영화 수업을 하게 된 김민지 씨는, 그러나 그렇게 탄탄대로, 예상한 대로만 나아가진 못했다. 문제는 아카데미에 있었다. 그녀는 그곳에서 무언가 살아 움직이는 것, 학교에서 배우지 못하는 생생한 것을 깨닫고 경험하게 될 것이라 예상했었다. 그것이 그녀가 대학 대신 아카데미를 선택한 이유였다.

그러나 아카데미도 대학교의 교육과 크게 다를 바가 없었다. 강의는 언제나 딱딱한 칠판과 책으로 이루어졌고, 강사들도 늘 같은 말만 반복했다. 그녀는 자신의 선택이 잘못된 것은 아니었을까 불안했고, 대학교에 대한 미련도 불쑥불쑥 솟아올라 마음을 어지럽혔다. 아카데미 등록금과 자취 비용을 대 주던 대구 부모님도 그녀가 어서 실패해 다시 재수하길 바라고……. 결국 그녀는 한 학기 만에 아카데미 생활을 마치고 대구로 내려가게 되었다.

"그때가 좀 힘들었는데……, 뭐, 얼마 못 갔어요. 그러다가 다시 서울로 올라왔으니까요……."

대구에서 부모님 뜻대로 재수를 할까 고민하던 그녀는 (그러나 실은 이 기간 동안 그녀는 집중적으로 영화를 보았다고 한다. 그리고 제주도와 남도 지방으로 두 차례 무전여행을 떠나기도 했다.) 인터넷에 나온 한 구인 광고를 본 후, 또다시 무작정 서울로 상경했다. 그녀가 본 것은 한 영화사에서 찍고 있는 장편 극영화의 연출부 담당 직원(말이 직원이지 영화판에서 흔히 연출부 '막내'라고 불리는 역할이다.)을 뽑는다는 광고였다.

"그냥 그게 내 거라고 생각했어요. 그걸 해 보면 영화에 대해서 더 많이 알 것도 같았고."

운이 좋았던 건지, 그도 아니면 지원자가 없었던 건지, (사실은 지원자가 거의 없었다고 한다. 경쟁률 제로. 그 이유는 이제 곧 알게 된다.) 그녀는 간단한 면접만으로 채용이 결정되었고, 곧장 제작 현장에 투입되었다. 그녀의 영화 인생 첫발을 내딛는 순간이었다.

참고로 말하자면, 우리나라 영화 제작 현장에서 연출부는 대개 다음과 같은 구성으로 이루어진다고 한다. 우선 연출부 맨 위에 '감독'이 있고, 그 다음에 '조연출'이 한 명 있다. 조연출 다음엔 '서드'가 있고, 그 다음에 '막내'가 있다. 이 계열은 철저히 수직적이고, 또한 도제식으로 이루어진다. 막내에서 한 3년 일하면 서드가 되고, 서드에서 다시 3년 정도 일하면 조연출이 되고, 거기에서 또 몇 년 열심히 일하면 감독이 된다. (그러나 이 수치는 언제나 유동적이다. 어떤 친구는 조연출부터 시작하는 경우도 있고, 또 어떤 친구는 수년 동안 '서드'만 하다가 영화판을 떠나기도 한다.) '조연출'은 감독의 지시에 따라 제작 현장의 온갖 잡일을 총괄하고, '서드'는 '조연출'의 지시에 따라 다시 온갖 잡일을 몸으로 수행하고, '막내'는 '서드'의 뒤를 따라 더 빠르고 신속하게 잡일을 처리한다. 여기에 어떤 규칙이나 행동 강령 같은 것은 없다. 안 되면 되게 하고, 없는 것을 있게 만들고, 말보다 몸이 앞서는 세계. 철저히 노동으로 이루어진 세계. 김민지 씨는 바로 그 세계에 진입한 것이었다.

그녀의 첫 참여 작품은 79년 10·26 사태 당시 비무장 지대에서 벌어진 긴장 상황을 그린 영화였다. 그녀는 그 영화의 촬영 현장에서부터 후반부 편집 작업까지 전 과정에 걸쳐 참여하게 되었다. 기간은 대략 1년 정도.

"고생을 많이 했어요. 제작 환경이 열악했거든요. 좀 체계가 없었어요. 필요하면 그때그때 마련하고 준비하는, 그런 환경이었죠, 뭐."

이를테면 이런 거다. 오늘 촬영분에 주인공이 어린 시절 나무 총을 갖고 노는 장면이 나온다. 한데, 촬영 현장에 나와 보니 아무도 나무총을 준비한 사람이 없다. 그러면 어떡하냐, 야, 연출부 막내, 알아서 챙겨야지, 그러면 우리의 김민지 씨는 서둘러 촬영 현장 곳곳을 뛰어다닌다. 아무리 찾아봐도 나무총 대용으로 쓸 만한 것은 보이지 않는다. 그렇게 허둥지둥 돌아다니다가 급기야 가로수 위로 원숭이처럼 기어 올라간다. 그리고 그곳에서 쓸 만한 가지를 잘라 뚝딱, 나무총 소품을 만들어 낸다. 무에서 유를 만들어 내는 막노동. 김민지 씨는 그 일을 1년 넘게 한 것이었다. 그렇게 해서 그녀가 받은 임금은 총 250만 원.

"계약은 250만 원 받기로 했지만, 그것도 다 못 받았어요. 영화가 흥행이 안 됐거든요."

"그럼 그동안 어떻게 먹고살았어요?"

나는 얼른 250만 원 나누기 12를 해 보았다. 한 달에 이십만 원. 아아, 그건 하루 만 원도 안 되는 막노동이었다.

"그래도 영화사에서 밥은 잘 사 주거든요. 식사는 꼬박꼬박 거기에서 해결했으니까, 뭐 그럭저럭 살 만했어요."

그녀가 처음 참여한 영화는 흥행도 제대로 되지 않았고, 평단에서의 평도 그리 좋지 않게 받았다. 그리고 그녀의 몸 또한 지친 대로 지쳐 버렸다. 체력도 체력이었지만, 사람 때문에 더 많이 힘들었다고 한다.

"책임을 지는 사람이 별로 없었거든요. 일이 잘 안 될 것 같고 돈도 안 될 것 같으니까 중도에서 그만두고 도망가는 사람들이 많았어요. 나는 성격이 안 좋아서 그렇게 중간에 그만두지는 못 하겠고, 그래서 그 일들을 떠맡다 보니……. 아무튼 기다리는 시간이 너무 많았어요."

김민지 씨 또한 많이 실망했지만, 또 그게 전부는 아니었다고 한다.

"지치기야 많이 지쳤는데, 그래도 영화 끝나고 자막 올라갈 때 제 이름 석 자가 뜨니까 기분이 좋더라구요. 고생한 거 한꺼번에 다 잊게 되고."

그녀는 힘들었지만, 몸도 춥고 마음도 가난했지만, 영화가 끝나는 그 순간의 카타르시스를 잊지 못한다고 한다. 그것은 영화의 상업적 흥행이나 평론가들의 평과는 아무런 관계가 없는, 온전히 자기 자신에게 주어지는 커다란 선물 같은 것이었다고 한다. 그 동안 수고했어, 그래도 완주했구나, 민지야, 하는 것처럼 말이다. 그녀는 그 카타르시스 때문에 배고프고, 고되지만, 쉽사리 영화판을 떠나지 못하는 것 같다고 말했다. (그것은 마치 마라톤 완주자들의 심정과 비슷한 감정이다.) 그리고 그것이 그녀의 의지였고.

그녀는 얼마 전 또 한 편의 장편 극영화에 연출부 '막내'로 참여했다. 이번 영화는 전편과는 달리 제작 시스템이 탄탄하게 갖

춰진, 말 그대로 제대로 된 상업 영화였다. 그래서였을까? 그녀는 이번 영화에 참여하는 데 더 많은 어려움을 겪어야만 했다. '막내'로라도 참여하겠다는 경쟁자들이 많았기 때문이다. 또한 그녀의 경쟁자들은 대부분 연극영화과를 졸업한 대졸자들이었다. 고교 졸업의 초라한 이력서만으로는 원칙적으로 불가능한 참여였다.

"운이 좋았어요. 제가 이번 영화를 찍는 감독님 영화를 많이 좋아했거든요. 돈을 안 받아도 좋다, 그저 내가 좋아하는 감독님의 촬영 현장을 직접 경험하고 싶다, 그렇게 계속 조른 거죠, 뭐. 전 정말 그 감독님 영화가 마음에 들었거든요. 감독님이 그런 저를 예쁘게 봐 주셨고요. 원래 인원이 다 찼는데, 감독님 역량으로 저를 더 넣어 준 거죠. 제작비를 오버하면서까지요."

그렇게 좋아하는 감독의 작업에 참여하게 되었지만, '막내'는 '막내'인 법. 그녀는 이번 영화를 찍으면서도 심적으로나 육체적으로나 많은 고생을 해야만 했다. 영화의 스케일이 전작보다 더 커진 만큼 연출부 '막내'로서 챙겨야 할 일이 더 많아졌고, 그만큼 부딪치는 사람들의 숫자가 더 늘어났기 때문이다.

"몇 번 울기도 했어요."

"울어요? 민지 씨가?"

"그냥 혼자 동사무소 화장실 같은 데 들어가서 막 울고 나온 적도 있어요."

"왜요? 무슨 일 때문에? 자세하게 말 좀 해 봐요."

"에이, 그냥 거기까지요. 뭐 대단한 것도 아닌데……."

그녀는 그러면서 또 예의 그 나른한 미소를 지었다.

그녀가 이번 영화에서 가장 많이 한 일 중 하나는 주연 여배우 대신 카메라 앞에 서는 일이었다. 주연 여배우가 오기 전, 미리 카메라 렌즈 앞에 서서 동작선을 잡고, 앵글을 잡고, 초점을 잡는 일이었다. 그러니까 쉽게 말하자면 주연 여배우 대역 엑스트라.

"우리 여배우가 굉장한 미인이거든요. 몸매도 좋고. 나는 팔뚝이 이렇게 굵잖아요. 그러면 카메라 감독님이 막 놀리고 그랬어요. 야, 우리 민지 팔뚝이 주연 여배우 딱 두 배구나, 두 배."

그녀는 그런 말에 개의치 않고 씩씩하게 현장을 뛰어다녔다. 자신이 이 영화에 참여하고 있다는 것이, 영화를 하나하나 배우고 있다는 사실이, 마냥 행복하고 좋았다고 한다. 울 일도 많았지만, 그래도 또 영화 촬영이 끝나는 그 순간, 그 지점에서 카타르시스를 경험했다고 한다. 그 마지막에 오는 극점을 위해서, 그 한 순간으로 인해서 그동안의 모든 고생이 사라져 버렸다고…….

나는 그녀에게 대학에 가지 않은 것을 지금도 후회하지 않느냐고 물어보았다.

"가끔 후회도 되죠. 하지만 필요하면 그때 가도 늦지 않을 거

같아요. 지금 나랑 동갑인 친구들이 이제 막 대학을 졸업하고 현장에 들어오거든요. 사실 그 친구들이 동문들 만나서 서로 선배님, 선배님, 하는 거 보면 괜히 부러울 때도 있죠. 하지만 제 모습도 그리 나쁜 것 같지는 않아요. 전 직접 부딪치면서 배웠으니까요. 가로수 위로 막 기어 올라가는 거, 이런 건 학교에선 못 배우는 거잖아요. 전 적어도 이제 제가 하는 일에 혼란을 느끼진 않아요. 불안해하지도 않고요."

그녀의 아버지는 아직도 그녀가 대학에 입학하길 내심 바라고 있다고 한다. 그도 아니면 적어도 온전한 자격증 하나쯤 따기를 원한다고 한다. 하지만 그녀는 그 점에선 더 단호해졌다.

"부모님한테 좀 죄송하지만, 그래도 제가 이 일 하면서 여태껏 중간에 그만둔 적은 한 번도 없었거든요. 제가 나중에 훌륭한 감독이 될지 안 될지 모르지만, 그래도 이렇게 해야 후회도 안 되고, 부모님한테 덜 죄송하죠. 연봉은 적지만 제가 원한 일이니까요."

나는 사실 계속 그녀가 좀 안타까웠다. 쉬운 길이 있지 않은가, 지금이라도 대학에 가라, 우리나라는 아직 그 졸업장이 현장 경력보다 더 우대받는 사회다, 그게 더 편한 일이다, 왜 사서 불안한 길로 걸어가느냐. 언제 '막내'에서 '감독'으로 올라갈 것이냐, 우회해라, 그게 정답이다. 그것이 내 솔직한 마음이었다. 그래서 참지 못하고 그녀에게 내 속마음을 말하기도 했다.

"민지 씨, 어차피 감독이 하고 싶은 거 아니에요? 그러면 대학을 가는 게……."

"대학 안 나온 감독도 많은데요, 뭐."

그녀는 그러면서 내게 뚱딴지같은 '워킹 홀리데이' 얘기를 했다.

"다음다음 달에 호주 쪽으로 워킹 홀리데이를 가려고요."

나는 갑작스러운 그녀의 말에 어안이 벙벙해졌다.

"가서 사람들을 좀 더 자세히 보고, 경험도 좀 넓히려고요. 제가 아직 경험이 부족해서……. 영화가, 이게 사람을 살피는 일인데, 사람도 많이 보고 눈도 좀 넓히려고요. 시나리오도 쓰고 틈틈이 다큐도 한번 찍어 볼까 해서요. 감독 연습이죠."

그녀는 대학 대신 또다시 몸으로 직접 뛰는 일을 계획하고 있었다. 그것도 영화를 위해서라고 했다.

"거, 워킹 홀리데이 가면 젖소 똥도 많이 치우고 우유만 하루 종일 짠다고 하던데……."

"그럼 뭐 젖소도 자세히 관찰하죠. 그것도 경험이니까."

나는 할 말이 없어졌다. 그래서 그녀를 따라서 나른한 미소를 지어 보려 애를 썼다. 하지만 그게 잘 되지 않았다. 아무리 따라 하려 해도 되지 않는 미소. 저 건너편의 미소. 그제야 나는 그 미소가 일부러 지어 낸 것이 아니라, 몸으로 뛴 사람만이 지을 수 있는, 어떤 표상 같은 것임을 깨달을 수 있었다. 나 같은 삶은 연출하려 해도 만들어지지 않는 미소.

김민지 씨는 아직 길 위에 서 있는, 어쩌면 아직 출발 선상에 서 있는 사람인지도 모른다. 그만큼 그녀의 삶은 유동적이고 가변적이다. 앞으로 또 어떤 우연의 바람이 밀려와 그녀의 삶을 흔들지 모를 일이다.

그러나 보아라. 우리는 언제부터 우리 삶에서, 우리가 스스로 만들어 낸 불안에게, 우리의 생을 내주었는지……. 우리는 그것을 합당한 교육이라 부르며 인정하고 합리화했다. 그리고 그것을 다음 세대에게도 똑같이 강요했다.

내가 만난 김민지 씨는 그것을 부정하고 당당히 자신의 생을 향해 뚜벅뚜벅 걸어 나가고 있는 중이다. 그녀가 앞으로 좋은 감독이 될지 어떨지 알 수는 없으나, 아아, 나는 적어도 한 가지는 확신할 수 있을 것 같았다. 적어도 그녀는 자신이 직접 몸으로 부딪쳐 본 일이 아닌 것에 대해서, 그것에 대해선 타인에게 강요하지 않겠구나, 자신의 불안을 합리화시켜 타인을 구속하는 일 따윈 없겠구나, 하는 것 말이다.

고백하건대 나는 그러지를 못하고 있었다. 나는 그것이 김민지 씨에게 미안했다. 자꾸 내 시선으로 그녀를 판단하는 일이, 이 글이, 이 단어들이, 그래서 더욱 부끄럽고 쓸쓸하게만 다가오니…….

이기호

1972년 강원도 원주에서 태어났다. 1999년《현대문학》신인 추천 공모에 단편 소설 〈버니〉가 당선되어 등단했으며, 현재 광주대학교 문예창작과 교수로 재직 중이다. 소설집으로《최순덕 성령충만기》,《갈팡질팡하다가 내 이럴 줄 알았지》,《사과는 잘해요》 등이 있다.

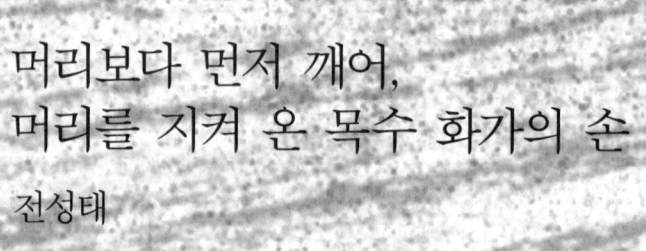

머리보다 먼저 깨어,
머리를 지켜 온 목수 화가의 손

전성태

글에도 무슨 인연이 있는 모양이다. 그를 세 번 만나고 그에 관해 네 번째 글을 쓴다. 두 번은 그저 길에서 인사를 나눈 정도였고, 정작 제대로 된 만남은 단 한 번뿐이었다. 그럼에도 그를 모델로 하여 〈한국의 그림〉이라는 단편 소설까지 엮었으니 '글 인연'이라는 말이 절로 떠오르는 것이다.

1990년대도 그 중반을 물린 어느 여름에 그를 처음 만났다. 한 잡지사에서 최병수 씨를 인터뷰해 글을 실었으면 하였다. 그에 대해 아는 정보라고는 연세대 이한열 열사의 죽음을 그린 〈한열이를 살려 내라!〉라는 그림의 공동 제작자이고, 그 후로 집회장마다 등장해 집회 열기를 고양하던 걸개그림이 처음 그의 손에서 비롯되었다는 사실 정도였다.

그러나 시절이 시절인 만큼 한 시대를 풍미했던 현장 미술도 더 이상 뭇 입에 오르내리지 않던 때였다. 자연 그가 어떻게 지내고 있는지 궁금하였다. 당시 그는 전북 무주에서 살고 있다고 했다. 퍽이나 깊은 곳으로 가 있구나. 나는 그도 많은 민중 예술가들처럼 지쳐서 도피했구나 생각했다.

그의 작업실은 어느 문 닫은 면사무소의 건물이었다. 창고와 다름없이 휑뎅그렁한 2층 건물을 통째로 차지하고 앉아 그는 나무 의자를 깎고 있었다. 그냥 의자가 아니라 무주 땅에서 나는 나무며 풀의 잎새를 본떠서 일명 생태 의자라는 작품을 만들고 있었다. 그는 일손을 놓을 때는 골골샅샅을 돌아다니며 그런 잎새들을 관찰하고 채집하는 모양이었다. 그저 구경하는 의자가 아니라 사람도 직접 앉는 이파리 의자를 백 개쯤 만들겠다고 했다. 그제야 작업실 마당에 걸린 '꿩 먹고 알 먹으면 다 망한다'는 재미있는 현수막이 눈에 들어왔다. 그러니까 그는 도피한 게 아니었다. 그 나름대로의 세계를 여전히 일구고 있었다. 반딧불이가 아직 살아 있는 청정의 생태 공원 무주, 그곳은 그에게 또 다른 현장인 셈이었다.

그 작업실에서 그의 살아온 내력을 오랫동안 들었다. 간간이 나는 작업실 창밖으로 눈을 돌려 개울가에 선 껑충한 미루나무를 바라보곤 했다. 가을이 깊어 가고 있었으므로 잎이 놀면해진 미루나무가 잔바람에 잎을 반짝이고 있었다. 미루나무를 눈여겨본 사람이라면 그 나무가 흡사 길짐승을 닮았다고 느낄 것이다. 바람과 물과 그리고 기후에 민감하여 미루나무는 마치 길짐승처럼 호들갑스럽게 계절을 건넌다. 정물처럼 창에 담긴 풍경 속에서 그 미루나무만이 예민하게 떨고 있었다.

나는 무주로 내려가기 전, 한때 그와 더불어 활동한 동료 화가를 먼저 만났다. 그는 현장 미술을 하던 시절에 대해 상당한 자긍심을 가지고 있었다. 자신은 어쨌든 청년의 열정과 진정성을 묻은 때라고 회고했다. 최병수 씨와 같은 화가가 나오는 시대가 또 올 수 있을지 모르겠다며 쓸쓸하게 웃기도 했다. 그 끝머리에 그는 최병수 씨에 대한 솔직한 심정을 내비쳤다.

"글쎄요, 그 친구 너무 멀쩡해요. 어떻게 한 점 회의도 없이 살 수 있지요?"

언뜻 그의 얼굴에서 피곤한 기색이 느껴졌다. 흔들림 없이 전진하는 사람을 바라보는 불편함 같았다. 최병수 씨가 자의식이 부족한 예술가라고 말하는 것처럼 내게는 들렸다. 많은 활동가들이 진로를 새롭게 모색하고 있을 때였다. 자의식이 부르는 곳으로 돌아가는 이들이 많았다. 그러나 최병수 씨는 1992년 브라질 리우환경회의에 쫓아가서 〈쓰레기들〉이라는 작품을, 그리고 95년에는 뉴욕 유엔 본부 앞에다가 〈9680〉이라는 작품을, 96년에는 이스탄불 세계주거회의에 〈투명한 야만〉이라는 작품을 내걸어 자신의 신념대로 지구의 환경과 생태에 대해 끊임없이 발언해 왔다.

흔히 미대도 졸업하지 않은 전직 목수가 어느 날 우연찮게 화가가 되었고, 그리고 그 후 마치 물을 만난 물고기처럼 지칠 줄 모르고 시대와 맞서는 작업을 해 오고 있다면 사람들은 그가 그저 싸움소처럼 쟁투만 일삼는다고 여길지 모른다. 그러나 나는 이런 의문이 들었다. 1980년대를 함께 보냈던 모든 사람들의 자의식이 같을 수 있을까. 아니, 그 시절에 대한 기억들이 다 똑같을 수 있을까. 그날 자꾸 미루나무에 시선이 갔던 이유도 그가 미루나무처럼 예민한 사람이구나 하는 느낌 때문이었다. 그는 옷깃을 스치는 잔바람에도 반응하는 예민한 감수성의 소유자였다.

어쨌든 그 후 그가 부안 새만금으로 거처를 옮겨 죽어 가는 갯벌에 장승을 세운다는 소식을 접했을 때 나는 그것이 아주 자연스럽게 여겨졌다.

최병수 씨의 삶에서 역사성을 지워 버린다면 마치 그는 우연의 탑에 올라앉은 형국이다. 그의 인생이 워낙 드라마틱해서 소설이나 영화로 다루기에는 필연성이 부족할 정도다. 그가 목수 출신이었다는 사실은 너무나 유명하다. 그를 소개하는 글에는 늘 '목수 출신'이라는 이력이 앞자리에 놓인다. 거기에는 이 시대의 묵은 열망인 신분 상승 욕구가 교묘하게 이입되어 있다. 그의 이력에 드라마틱한 요소는 그뿐이 아니다. 중학교 중퇴의 학력, 가출, 십대에서 이십대 초에 섭렵한 열아홉 가지의 직업, 그리고 공안 당국 취조실에서 경찰의 손에 하루아침에 화가로 둔갑한 내력……. 그를 모델로 한 소설을 쓰면서 가장 마음에 걸린 것은 오히려 그의 이런 드라마틱한 요소였다. 소설 몇 권으로도 다 묶을 수 없는 인생이 허다하지만 모두가 소설이 될 수 없는 이유가 그럴 것이다.

 1986년, 일군의 청년 화가들이 경찰서에 잡혀 왔다. 홍익대 미대 출신들이 주축이 된 그들은 서울 정릉의 어느 건물 벽에 벽화를 그리다가 현장에서 체포되어 온 것이었다. 〈상생도相生圖〉라는 제목의 벽화는 한반도 형상을 한 태극기를 배경으로 남과 북의 동포들이 서로 손을 잡고 한바탕 신명 나게 춤을 추는 내용이었다. 그림 배경으로 진달래가 만발해 있었다. 그들은 앞서 신촌 역사驛舍 콘크리트 벽에 비슷한 작업을 한 적이 있었다. 당국이 보기에 그림은 꽤 불온하였고, 자칫 방치했다가는 새로운 미술 운동이 일어날 판이었다.

당시 장기 집권 음모를 획책하던 전두환 정권은 저항이 강해지는 야당이나 운동권을 탄압하기 위해 공안 정국을 조성하고 있었다. 그중 대표적인 게 조직 사건을 조작해 내는 일이었다. 정릉 벽화 사건으로 구속된 화가들도 잘 엮어서 북한과 관련된 모종의 예술가 그룹 조직 사건으로 만들면 민주화 운동 세력에 찬물을 끼얹을 수 있으리라 판단했다. 조직 사건 조작이 착착 진행되어 갔다. 그러나 아주 사소한 문제가 발생했다. 잡혀 온 청년 하나가 자신은 화가가 아니라고 극구 부인하는 것이었다.

"저는 작업대를 설치하러 온 목수라니까요."

그의 항변에 형사는 실소를 터뜨렸다.

"하, 이 녀석 보게. 발뺌할 일이 따로 있지, 혼자 살아 보겠다고 거짓말을 해?"

형사는 현장에서 찍은 사진을 증거물로 내놓았다. 사진 속에서 그는 분명 붓을 들고 벽 앞에다가 그림을 그리고 있었다.

"이거 개나리 맞지? 진달래 옆에다가 요걸 그리고 있는 게 누구야? 개수작 부리지 말고 눈이 있으면 똑똑히 봐, 인마."

그러자 그는 몹시 난처하고 억울하다는 표정을 지었다.

그의 친구 중에 화가가 있었는데, 그 친구의 부탁으로 그는 그 날 아침 작업대를 설치해 주러 정릉의 현장으로 가게 되었다. 일을 마치고 벽화 작업을 구경하자니 화가들이 진달래를 그리고 있었다. 그는 아주 자연스럽게 봄꽃에 진달래만 있느냐고 참견을 하게 되었다.

"그럼 또 무슨 꽃이 있어요?"

화가가 묻자 그는 개나리도 있지 않느냐고 대답했고, "그럼, 당신이 직접 그려 보세요." 하며 화가는 선뜻 그의 손에 붓을 쥐어 준다. 당시 벽화 작업을 하던 청년 화가들의 의식이 잘 드러나는 대목이다. 화가의 고유한 창작성을 밀실의 캔버스 위에 구현하던 부르주아지 미술과는 달리 그 미의 구현이나 향유를 민중들에게 돌려주고 싶었던 것이다. 벽화 그리기 운동의 지향점은 바로 그런 것이었다. 따라서 화가가 목수의 손에 붓을 들려 준 행위는 한갓 해프닝이 아니었다.

"저는 농담하는 줄 알고 손사래를 쳤습니다. 그랬더니 붓을 척 건네주며 한번 그려 보라는 겁니다. 그까짓 것 나도 개나리 정도는 그릴 수 있겠다 싶어 붓을 들었지요."

그러나 취조는 그것으로 끝나지 않았다. 담당 형사를 바꿔 가며 집요하게 그를 추궁했다. 어쨌든 그를 화가로 만들겠다는 집념이 대단했다.

"학력이 중학교 중퇴군. 십대에서 이십대 초반을 어디서 무엇을 하며 보냈는지 신원이 불분명해. 무슨 목적으로 화가들에게 접근했나?"

그는 열네 살에 가출하여 중국집 배달원, 설렁탕집 종업원, 공사장 막노동꾼, 선반 보조공, 보일러공, 레스토랑 웨이터를 거쳐 목수 일을 하게 된 곡절한 사연들을 늘어놓았다.

"그럼 이제 좀 더 구체적으로 들어가 볼까? 왜 빌딩 벽에 벽화를 그렸나?"

형사의 질문에 그가 피식 웃었다. 형사는 크음 하고 기침을 놓았다.

"나도 궁금해서 친구한테 물었더니 벽이 너무 밋밋해서 보기 좋으라고 그린답디다."

"그림을 분석해 보니 진달래꽃이 총 예순일곱 송이더군. 이건 죽은 열사들하고 같은 숫자야. 어떻게 생각하나?"

"네? 글쎄요……."

"아래쪽 풀은 색깔이 전경들 옷 색깔하고 동일해. 혹시 공권력에 대한 응징을 상징한 거 아냐?"

"네?"

"태극기가 청색 부분보다 적색 부분이 큰데 그건 적화 통일을 의미하는 거냐?"

"적화 통일이요?"

그는 정신이 번쩍 들었다. 직감적으로 자신에게 무슨 일이 벌어지고 있는지 위기감을 느꼈다. 그는 자리를 고쳐 앉았다. 형사는 그가 흔들리는 것을 포착하며 질문을 계속해 나갔다.

"그림 속에서 사람들이 왜 태극기를 짓밟고 있나?"

"그건……, 제가 옆에서 지켜본 입장에서 단언할 수 있는데요, 밟는 게 아닙니다. 사람들은 그냥 춤을 추는 거지요."

"왜 춤을 추나?"

"봄이잖아요."

"아, 혁명의 봄 말씀이군. 왜 사람들을 검둥이로 그렸나?"

형사는 다시 벽화 사진을 내밀었다. 그는 사진을 들여다보기 위해 허리를 접었다.

"밑그림이라서 그렇게 보이는 게 아닌가요?"

"밑그림이라……. 야, 이 자식 전문 용어 쓰네."

갑자기 형사가 눈을 부릅뜨고 허리를 폈다.

"왜 농민들이 하나같이 헐벗고 굶주린 모습이지? 이건 우리 쪽 농민들이 아니야. 이북 농민들이지. 어떻게 생각해?"

"……."

"너 언제부터 그림 그렸어?"

"저는 정말 목수입니다. 그림이라면 초등학교 미술 시간에 조금 배운 게 전붑니다."

그런 식의 신문이 계속되었다. 최병수 씨의 구술에 따르면 그날 그가 형사한테 취조 받은 미술에 관련된 질문은 백여 가지가 넘었다고 한다. 때로 그는 아주 오래전 미술 시간에 배운 채도니 명도니 구도니 하는 미술 용어들을 어렵게 기억해 내야 했다. 그는 장시간 미술에 대한 기본 교육을 받고 난 기분이었다고 술회했다. 몇 시간의 조사가 끝났을 때 그는 완전히 녹초가 되어 버렸다.

"자, 그만하지. 더 해 봤자 서로 힘만 뺄 것 같고. 그림을 그리다가 잡혀 왔으니 직업은 화가로 할게. 목수가 그림을 그리다가 잡혀 왔다고 하면 아무도 믿지 않을걸. 우리도 조사가 미진하다고 상부의 질책을 받을 거구. 그럼 다시 신문을 해야 한단 말씀이야. 또 조사를 받고 싶진 않겠지? 화가로 할게. 괜찮지?"

그는 그렇게 '관제 화가'가 되었다. 그러나 그는 말 그대로 자신의 혼이 빠져 버린 느낌이 들었다. 자신이 목수라고 아무리 항변해도 받아 주지 않는 현실이 억울했다. 그건 억울한 정도가 아니라 비참할 정도였다. 차라리 자신의 직업이 화가였다면 얼마나 좋을까 하는 생각도 들었다. 당시 그가 겪었을 정신적 충격을 나로서는 구구절절 묘사해 낼 재간이 없다. 목수를 화가로 둔갑시키는 공권력의 폭력성, 그리고 그 앞에서 무기력하기만 했던 자기 존재의 취약성을 그는 뼈저리게 실감했을 것이다.

그가 다소나마 무감각한 사람이었다면 참 재수 없는 일을 당했다고 손을 툴툴 털고 다시 망치를 들고 목수 일을 다녔을 것이다. 화가 같은 사람들이 일을 부탁하면 손사래를 치며 사양도 했으리라. 그러나 그는 더 이상 그럴 수 없었다. 그는 자신이라는 존재 앞에 떨어진 숙제를 받아 놓고 번민했다. 자신이 왜 이런 일을 겪어야 하는지 알고 싶었다. 자신을 이렇게 만든 세상을 속속들이 이해해 보고 싶었다. 그때부터 그는 월간《말》지라든가 사회과학 서적을 탐독했다.

관제 화가라는 말은 동료들이 붙여 준 우스갯소리이다. 화가라는 직업이 누가 이제부터 당신은 화가라고 한들 될 수 있는 직업인가? 그러나 그 사건을 계기로 그는 자신에게 오랫동안 잠자고 있던 어떤 재능을 발견하게 되었다.

그는 어린 시절부터 만화 그리는 것과 칼로 무엇인가를 조각하는 것을 좋아했다.《허리케인 조》라는 만화를 모사하기를 즐겼고, 나무토막이나 분필을 조각하며 놀곤 하였다. 그는 8남매 중 여섯째로 태어났다. 아버지가 사업에 실패하는 바람에 공식 중학교에 진학을 못하고 남산 자락에 있는 중등 과정의 상업전수학교에 입학했다. 그곳을 1년 남짓 다니다가 그만두게 되는데, 그 이유가 학교 운동장이 너무 작다는 거였다. 어쨌든 자아가 형성되기 시작할 무렵 그는 자신이나 가정의 처지가 많이 못마땅했던 모양이다. 반은 자발적으로, 반은 환경에 내몰려서 그는 열네 살의 나이로 집을 뛰쳐나왔다.

가출해서 그는 여러 직업을 전전하다가 설렁탕집에서 기식하며 일하게 된다. 어느 날 목수로 일하는 손님이 두고 간 끌을 줍게 되는데 그는 그 끌로 식당의 다락방 기둥을 조각하였다. 마치 일기를 쓰듯 밤마다 그 기둥을 온통 조각으로 장식하였다. 그 행위에 어떤 예술적 자의식이 있었던 건 아니다. 다만 그는 뭔가 조각하기를 좋아했고, 또 그의 손이 그 일에 매우 능했다는 것이다. 그것만큼 훌륭한 화가 수업이 어디에 있겠는가?

정릉 벽화 사건 이후로 그는 많이 달라졌다. 이른바 역사의식에 눈을 떴다. 그는 목수 일을 다니는 틈틈이 연세대의 '만화 사랑' 동아리 학생들과 어울려 그가 그토록 좋아하는 만화를 그리곤 했다. 그 동아리에서 이한열이라는 학생의 얼굴도 잠깐 보게 된다.

1987년 봄, 전두환 정권은 장기 집권 음모를 노골화하여 4·13 호헌 조치를 내린다. 한편 공안 정국 와중에 서울대 박종철 학생 고문치사 사건이 발생한다. 정국은 가파르게 요동치며 각지에서 학생 데모가 격렬해졌다. 그리고 6월 10일, 전두환 정권을 규탄하는 대규모 집회인 '6·10 대회'가 열렸다. 그날 집회의 이름은 '최루탄 추방 결의 대회'였다. 경찰은 데모 진압을 위해 과도한 최루탄을 사용하고 있었던 것이다. 공교롭게도 그날 집회에서 이한열 열사가 최루탄을 맞고 쓰러지고 만다.

이튿날, 이한열 열사가 피를 흘린 채 친구의 부축을 받고 있는 모습을 담은, 로이터통신 기자가 찍은 사진이 중앙 일간지를 도배하며 대대적으로 보도되었다. 최병수 씨는 그 기사를 중앙일보에서 보았다. 안면이 있는 학생임을 확인한 순간 그는 둔기로 머리를 한 방 얻어맞은 기분이었다. 그는 신문을 펼쳐 들고 근처의 약국으로 달려갔다. 다짜고짜 약사에게 신문을 내밀며 이 친구가 살 수 있겠느냐고 물었다. 약사는 머리를 저었다. 그는 곧바로 학생이 입원한 신촌 세브란스 병원으로 달려갔다. 이미 경찰과 학생들이 대치하고 있어서 그는 멀리서 병원을 안타깝게 바라볼 수밖에 없었다.

신문의 사진을 오려서 집으로 돌아온 그는 그것을 나무 판때기에 조각하기 시작했다. 안타까운 마음이 저도 모르게 손을 움직였다. '한열이를 살려 내라!'는 글귀를 제 간절한 마음인 양 새겨 넣었다. 판화로 찍어 낸 그 그림을 연세대 만화 사랑 동아리 후배가 가져갔다. 그것을 유가협과 민가협 어머니들이 가슴에 패용하고 집회를 하는 바람에 여기저기서 더 없느냐고 찾는 일이 벌어졌다. 수백 장을 더 찍어야 했다.

그리고 연세대 총학생회에서 그를 찾았다. 여학생 하나가 물었다.

"아저씨, 이 그림을 크게 그려서 건물에 걸 수 없을까요?"

별로 어렵지는 않을 것 같았다. 큰 천에 집을 짓듯 먹줄을 퉁겨서 그리면 되리라 생각했다. 그는 곧바로 만화 사랑 동아리 학생들과 작업에 들어갔다. 김경고, 김태경, 문명미, 이소연이 함께 작업했다. 그림이 바람에도 잘 견디려면 질긴 천에 그려야 해서 최병수 씨는 질긴 텐트 천을 구했다. 모두가 목수의 경험에서 나온 지혜였다. 새벽 세 시가 넘어 작업이 끝났다. 가로 7.5미터에 세로 10미터의 대형 그림이 완성되었다. 그 그림은 이튿날 아침 총학생회 건물 외벽에 걸렸다. 최초의 걸개그림이 탄생한 것이다. 걸개그림의 효시가 된 이 그림은 지금 현재 국립현대미술관에 소장되어 있다.

이한열 열사가 의식을 회복하지 못하고 사경을 헤매는 동안 6월 15일에는 명동성당에서 농성이 시작되었고, 6월 18일에는 국민 평화 대행진이 거행되었다. 이제 대학생뿐 아니라 넥타이 부대로 불리는 샐러리맨들, 그리고 노동자들, 고등학생들까지 호헌 조치 철회와 민주 헌법 개정을 외치며 거리로 몰려 나왔다. 이 6월 항쟁에는 연인원 5백만 명의 시민이 자발적으로 참여했다.

마침내 신군부 세력으로부터 '6·29 선언'을 받아 냈고, 그로부터 닷새 후 오랫동안 사경을 헤매던 이한열 열사는 영면했다. 이한열 열사 장례 집행위원회가 꾸려졌고 그 위원장을 문익환 목사가 맡았다. 7월 9일로 장례식 일정이 잡히자 최병수 씨는 이한열 열사의 영정을 제작하는 일에 참여했다. 장례식은 연세대를 출발하여 아현고가를 거쳐 서울역 광장에 이르러 노제를 지내고 광주 망월묘역에 안장하는 것으로 결정되었다.

장례식날 운구 차량은 아현동 고개를 넘었다. 그 고개에는 육교가 있었다. 1톤 트럭에 설치한 영정이 그 육교 밑에서 그만 멈춰 서는 일이 벌어졌다. 통상 서울 시내 육교의 높이가 4미터라서 그것을 감안하여 영정 틀을 제작했는데도 영정이 육교 교각에 걸리고 만 것이다. 운구 차량을 따르던 백만 인파가 술렁거렸다. 그때 최병수 씨가 영정 차량으로 올라가 영정을 반으로 접었다. 그는 영정을 제작하면서 아스팔트 덧씌우기 공사로 인해 육교 높이가 실제와 다를 수 있다고 판단했고, 그래서 영정 틀 중간에 경첩을 설치했다. 그건 아무도 예상하지 못한 일이었다. 영정 틀이 접혀서 육교 밑을 통과하는 광경 역시 상상하지 못한 일이었다. 목수의 섬세한 관찰력과 손재간이 없었다면 불가능했을 것이다. 육교를 무사히 통과한 차량은 다시 영정을 세우고 전진해 갔다.

이제 정말 화가가 된 그는 몸을 아끼지 않고 운동가와 예술가로서의 열정을 불태웠다. 〈노동해방도〉, 〈백두산〉, 〈장산곶매〉 등 숱한 걸개그림을 민주화의 제단에 그려 올렸다. 그의 그림은 음악의 피날레처럼 가장 고양된 부분을 포착하여 상징화했다. 집회장의 뜨거운 구호와 열망이 그의 그림에 응축적으로 담겨 있는 것 같았다. 멕시코의 디에고 리베라(1886~1957)의 벽화가, 독일의 케테 콜비츠(1867~1945)의 판화가 혁명의 무기가 되었듯 그와 그의 동료들이 그린 걸개그림은 당시 우리나라 민주화 운동에 그런 역할을 하였다. 그의 걸개그림이 국립현대미술관과 뉴욕의 아티스트 스페이스 미술관에 전시되어 있다는데, 내 생각에 그건 화폭을 반으로 잘라 전시한 것이나 다름없는 일인 것 같다. 그의 그림은 수많은 대중과 함께 있어야 완성된다. 그 자리의 함성, 열기, 열망, 분노, 그리고 신명이 함께 있어야만 완성되는 그림들이다. 그렇게 지붕 속으로 들어가서는 생명을 잃고 만다.

최병수 씨가 스승으로 여기는 임옥상 화백이 제자의 오른손을 본떠다가 〈손〉이라는 작품을 만들고 거기에 시 한 수를 지어 붙인 것이 있는데, 그 무렵 최병수 씨의 존재와 진면목을 잘 보여 준다.

손

너는 머리보다 먼저 깨어 늘 머리를 지켜 왔다.
머리는 생각만 하고 도무지 움직이려 하지 않을 때도
너는 몸을 던져 궂은일을 도맡아 왔다.
지금은 머리들만 판을 치는 세상이지만
손, 너를 기리고 찬양하는 날은 분명히 온다.
너도나도 머리를 찾아 아우성이지만
네가 계속 움직이는 한
세계는 결코 허물어지지 않는다.

　임옥상 화백의 시처럼 최병수 씨는 늘 먼저 깨어서 손을 움직였다. 1998년에는 아르헨티나의 부에노스아이레스에서 〈지구의 반지〉와 〈문명의 끝〉이라는 작품을 전시해서 세계인을 반성케 했다. 2002년에는 남아프리카공화국 요하네스버그에서 열린 리우세계정상회의에 〈펭귄은 녹고 있다〉라는 얼음 조각 작품과 〈지구를 갈아 마시는 부시〉라는 작품을 전시해서 지구 환경의 위험을 호소했다. 그리고 2003년에는 새만금 간척 사업의 중단을 위해 〈바다로 간 장승〉을 심는 작업을 했고, 그 와중에 이라크에서 전쟁이 터지자 반전 메시지를 전달하기 위해 직접 전장인 바그다드로 달려갔다.

　당시 바그다드에는 소설가 오수연 씨가 현장에 가서 전쟁의 참상과 위험성을 타전해 오고 있었기 때문에 나는 최병수 씨가 겪었을 고통을 능히 짐작할 수 있었다. 그 무렵 세종문화회관 앞에서 작가들이 미국을 향해 이라크 전쟁 중단을 호소하는 집회를 가졌는데, 까맣게 탄 최병수 씨가 〈너의 몸이 꽃이 되어〉라는 걸개그림을 가지고 나타나 이라크 전쟁의 참상을 증언했다. 폭격으로 죽은 어린 손자의 시신을 안은 아랍인 할아버지의 모습을 형상화한 그의 그림은 백 마디의 말보다도 더 충격적으로 이라크 민중들의 고통을 전해 주었다.

그리고 2004년 부안 핵폐기장 건설 반대 투쟁을 벌이던 그는 위암으로 쓰러져 병원에 입원하였다. 그의 나이 마흔다섯. 나는 그 비보를 접하고 불같이 살아온 그의 지난날들이 그를 태워 버렸다는 생각을 했다. 동료 예술가들이 나서서 '최병수를 살리자'는 운동을 벌였다. 나는 장르를 넘나들며, 노소를 막론하고, 그 많은 예술가가 한 생명을 살리기 위해 노심초사하는 모습을 일찍이 보지 못하였다. 많은 예술가가 그의 삶과 예술에서 깊은 영감을 받았기 때문에 가능한 일이었으리라.

한 개인이 거대한 역사와 조화롭게 만나는 진경을 그는 생을 통해 보여 준 사람이었다. 많은 사람이 꿈꿔 왔던 세상이야말로 그런 세상이 아니겠는가. 그는 그저 그림을 그리는 화가만이 아니었다. 민중과 자연이 평화롭게 사는 세상을 만들기 위해 그는 지구라는 거대한 도화지에 때로는 집을 짓는 목수처럼, 때로는 투사처럼 망치와 주먹을 쥐고 뛰어다닌 사람이기도 했다.

이듬해 봄 그는 병마와의 싸움 와중에 이라크 전쟁의 참상을 그린 또 다른 작품 〈야만의 둥지〉를 가지고 대학로 마로니에 공원에서 열린 집회에 참석했다. 허깨비처럼 깡마른 그였지만 붓은 차마 놓을 수 없었노라 말했다. 그는 가평에서 강화도로 거처를 옮겨 지내고 있다고 했다.

한때 그는 청년 화가로서 한국의 거리에 큰 그림을 그려 올렸지만 지금은 세계의 광장에다가 그림을 그려 올리고 있다. 환경 파괴, 전쟁의 참상이 빚어지는 곳이면 비록 그곳이 지구의 반대편 사지라도 마다하지 않고 달려가 현장에다가 화구를 푼다. 그의 존재 때문에 나는 덜 미안한 마음으로 밥술을 뜨고 전쟁터를 중계하는 텔레비전을 묵묵히 지켜볼 수 있는지 모른다. 이제는 그의 몸이 덜 시달리도록 이 야만의 세계가 좀 더 평화로워졌으면 좋겠다.

전성태

1969년 전남 고흥에서 태어났다. 1994년 《실천문학》 신인상에 단편 소설 〈닭몰이〉가 당선되어 등단했다. 소설집 《매향埋香》, 《국경을 넘는 일》, 《늑대》, 장편 소설 《여자 이발사》, 르포집 《길에서 만난 세상》(공저) 등을 펴냈다.

그에게서는 나무 향기가 난다

이병천

 그 집에서는 언제나 나무껍질을 헤집고 이제 막 흘러내리기 시작하는 생송진과도 같은 나무 냄새가 난다. 한옥으로 새로 지어졌기 때문이다. 전주의 한옥마을에 위치해 있는 길갓집이라서 여느 한옥처럼 검은 기와를 떠받치고 있는 추녀의 선은 여인네들이 살짝 걷어 올린 치마폭처럼 아슬아슬하면서도 날렵하다. 그 추녀 아래로 '목우헌木遇軒'이라는 큼직한 편액이 하나 걸려 있다. 나무를 만나는, 그것도 오다가다 우연히 나무를 만나게 되는 집이라는 뜻이다. 나무 향기는 그 이름에서도 난다.
 하지만 그게 전부는 아니다. 집을 빙 돌아 그늘지는 곳마다 은행나무 오동나무 대추나무 박달나무 적송 백송 느티나무 아카

시나무 살구나무 등을 켜켜이 썰거나 토막 내어 말리고 있는 낯익은 정경에도 나무만의 냄새는 짙게 배어 있지만, 정작으로 좋은 향기는 집 안쪽으로부터 따로 뿜어져 나오기 때문이다. 편액 아래 전시장 한쪽에 막아 놓은 한 칸 넓이의 작업실, 향기의 진원지는 바로 그곳이다. 밖에서 눈을 치뜨고 들여다보면 기와를 미끄러져 떨어지는 밝은 햇살 때문에 안쪽으로 등을 구부린 한 사내의 실루엣이 희미하다.

사내의 건장한 뒷모습은 고집스런 결의에 차 있는 듯 요동이 없다. 칼질이 끝없이 이어지고, 이따금 굳은 목을 푸느라 천천히 도리질을 해 볼 뿐……. 풍경은 이쯤에서 잠시 멈춰지는 것 같다. 깊이 잠들어 꿈꾸는 이들을 느닷없이 놀라게 해 깨우고 싶은 마음은 여간해서 들지 않는 것처럼, 방문객들은 작업실로 들어서는 그 짧은 순간을 망설이느라 차마 인기척을 내지 못하는 것이다. 더구나 무엇보다도 사내가 땀에 흠씬 젖어 있는 모습은, 많은 이들이 말하듯, 아름답다는 생각이 앞서기 마련이다.

"아따! 쉬엄쉬엄 일함서 천천히 만드소. 여름이면 중천으 뜬 해도 쉬어 가는 법인디 그러다 소곰 기둥 되겠네."

나무 향기에 코를 벌름거린 방문객이 헛기침을 하면서 기어코 몰아의 경지에 빠진 사내를 뒤흔든다. 그제야 사내가 고개를 돌리며 밝게 웃어 보이고는 몇 번 어깨를 으쓱거리며 굳어진 근육을 푼다. 그건 습관처럼 보인다. 누군가 방문객이 있을 때면 그 기회를 틈타 동시에 어깨 운동도 해 보는…….

　김종연金鐘沿, 올해 마흔다섯 살의 사내, 나무 조각과 목공예에 빠져서 거의 그만큼의 세월을 살았다고 했다. 남들은 삐뚤빼뚤 연필이나 겨우 깎을 무렵에 그는 칼 쥔 손으로 내처 그 연필에 부처상을 새기고 천사를 조각하기 시작했다. 그래서 새로 사는 제 고무지우개가 남아 있을 리 없었고 급우들의 지우개는 한 학기가 가기 전에 모두 고무도장으로 바뀌기 일쑤였다고 한다. 그는 자신에게 무슨 비범한 재능 같은 게 깃들었을 성싶지는 않지만 마냥 그 일이 좋을 뿐이더라고 했다. 그 재미가 그의 직업이 되었다. 그러니 그가 일하는 모습을 지켜보는 것만으로도 방문객들 역시 신명을 내게 된다. 말하자면 벌겋게 달군 쇠를 힘껏 두드려 대는 대장간 장인의 모습이나 밀가루를 반죽해서 자장면 면발을 가닥가닥 잘도 뽑아내는 중국집 요리사의 재주가 그렇게 우리들 입안에 신 침이 돌게 만들듯이 말이다.

　방금 전에 살갑게 말문을 열던 그 손님만 해도 공방 문턱이 닳아지는 데 일조를 할 만큼 하루가 멀다 하고 찾아오는 단골 이웃 가운데 하나다. 60대 초반의 이 김영인 씨는 그 자신도 광고 인쇄업이라는 생업에 매달려 분주한 사람이다. 그런데 하루 한 번이라도 자신의 고물 자전거를 느릿느릿 끌며 이 '목우헌'까지 마실 나오지 않으면 허전해져서 일이 영 손에 잡히지 않더라고 실토한다.

"만날 여그를 뻔질나게 드나들지만 그렇다고 특별히 나누는 야그도 없지라우. 헐 말이 없어서 입을 콱 다물고 있어도 누가 뭐라고 허덜 안 헝게요. 그냥 저 동생이 땀을 뻘뻘 쏟아 내면서 어떤 나무든지 깎고 다듬고 파내는 일들을 물끄레미 귀경허다 보면 덩달아서 매급시 기분이 좋아지는 것이지라우. 그게 정녕 나무 냄새 때문일랑가 몰르겄지만……. 아, 그런디 요새는 나보다도 저 자전차가 더 근질거리능가 자꼬 안달복달허능 것만 같으요, 허허허…….”

그래서 주인은 일하고 손님은 구경한다. 구경하다가는 올 때처럼 그냥 편하게 말없이 돌아간다. 그리고 그 빈자리를 한옥마을의 또 다른 이웃이나 관광객이 채우는 것이다.

"우리 집 바둑판이 쩍쩍 갈라지는디 어치크롬 히야 쓴댜?"

마을에 사시는 노인 한 사람이 작업실에 들어서며 다짜고짜 자기 걱정부터 앞세운다. 자기 일감을 들고 스스럼없이 찾아오는 일로는 그야말로 이골이 난 게 분명하다.

"아, 그래요? 다 마르지 않은 나무판이라서 그럴 겁니다. 갈라지는 곳에 조선 한지를 넓게 발라 보세요."

"허면 그 하찮은 종오때기 힘으로도 다시 붙을랑가?"

"예, 걱정하지 마세요. 붙고 난 다음에 종이만 떼 내면 말끔해지죠."

노인이 반신반의하는 듯한 표정으로 돌아가자 이번에는 이웃 찻집 여주인이 들어서며 자기 가게 방문의 문고리가 너무 헐렁거린다고 하소연한다. 낡은 한옥을 개조한 집이라서 그런 자질구레한 문제들이 이따금 생겨날 만도 하다. 사람 좋은 이 목공예인은 두말없이 조각칼 하나와 댓살 몇 토막을 챙겨 가서 문고리 틈에 나무 쐐기를 박아 주고는 돌아온다. 그리고 다시 작업에 매달리려는데 이번에는 전화가 걸려 온다. 수석을 받치고 있는 나무 조각 일부가 부러졌는데 흔적 없이 수리할 수가 있느냐는 것이다. 그렇게 누군가는 밥상 다리가 부러졌다고 들고 오기도 하고, 또 누군가는 죽은 고목 한 뿌리를 들고 와서 어떻게 사포질을 해야 나무에 윤기가 흐르겠느냐고 상의한다. 그는 또 기꺼이 그 요령을 직접 시범으로 보여 주는데 고목 주인은 돌아갈 생각이 없는 듯 아예 작업실 한쪽을 전세라도 얻은 것처럼 쪼그리고 앉아서 금방 배운 방식대로 사포질에 열중하고 있다.

"여그다가 고풍스런 분위기가 좀 풍기게끔 칠을 헐라면 어치케 히야 쓸까?"

손님은 이 기회에 나무 공예에 관한 온갖 노하우를 한꺼번에 배워 가려는 모양이다. 수업료 같은 걸 지불해야 한다는 부담감 따위는 애초부터 없는 듯 보이고, 목우헌 주인 입장에서도 그걸 받아 낼 생각은 꿈에서도 하지 않는 것 같다.

"빼빠질이 끝나면 들기름을 바르고 계속해서 부드러운 천으로

닦아 주세요. 그리고 그 다음부터는 자주 손바닥으로 문질러서 손때를 입혀 주는 방법이 최고죠."

"아, 손때!"

"그렇죠. 세월이란 것도 알고 보면 수많은 사람들의 손때, 바로 그 두께라고 해야 하겠지요."

목우헌 주인은 그렇게 얘기한다. 그가 사랑한 게 그 손때라는 것이었다. 이를테면, 목침木枕이라는 게 있다. 나이 드신 분들이 무더운 여름날 바람 잘 통하는 툇마루에 누워 낮잠을 주무실 때 베고 자던 그 나무토막은 어느 것을 막론하고 오랜 세월의 손때와 머릿기름에 절어 있기 마련인데 그는 바로 그 전통적인 목침에 주목했다. 그래서 온갖 자료들을 다 모으고 민속박물관 등지에서 전시하고 있는 옛 목침들을 혼자 연구한 끝에 자신만의 독특하고도 아름다운 작품을 하나둘 만들어 내기 시작했다.

특유의 조각 솜씨를 발휘하여 목침 양쪽에 암수 호랑이 머리를 새긴 것도 만들고, 강물 위에서 시름없이 흔들리는 나룻배 형상의 목침이며 백제 무령왕릉에서 출토된 목침을 재현해 보기도 했다. 그리고 그의 그런 노력은 헛되지 않았다. 노동부가 그를 전통 목침 분야의 고유 장인으로 인정해서 '기능 전승자'로 지정한 것이다. 물론 그러한 대외적인 명성이 중요한 것은 아니다. 보잘것없이 불구덩이 속으로나 던져지던 일개 목침들이 그의 손끝을 거쳐 예술품으로 다시 태어난 것이야말로 더욱 진정으로 값진 일이다.

전통 예인들을 상대로 문화관광부가 지정해 주는 반열로 따지자면 '인간문화재'급에 이르렀지만, 한옥마을 주민들에게 아직 젊디 젊은 그는 여전히 손재주가 좋은 이웃 젊은이에 지나지 않을 뿐이다. 이번에는 할머니 한 분이 명절 때 떡을 찍어 내는 도구인 나무 떡살 한 귀퉁이가 손상됐다고 들고 와서 수리해 간다. 그에게 주어지는 보답이 있다면 수리된 떡살로 찍어 낸 따끈따끈한 떡 한 사발 정도가 고작일 것이다. 떡이나 떡값, 혹은 떡고물 같은 것들이 본래의 떡보다 그 의미나 가격이 터무니없이 부풀어 오른 현실을 잠시 잊는다면 그 실재의 떡 한 사발도 사실은 그에게 감지덕지다.

들기름 두어 숟가락을 그에게 얻어 고목 뿌리에 초벌 기름칠까지 다 끝낸 그 손님께서는 뱉어 버리고 나면 연기보다 허망하게 사라지고 마는 공치사 한마디로 신세를 갚을 모양이다.

"사촌보다 이웃이 낫다등만, 자네 옆으서 든든허지 않을 사람이 아매 없을 것잉만! 하이튼지 자네 손이 보물이네그려."

"제 손은 영락없이 나무껍질 같은데요, 뭐."

"아니네. 그렁게로 보물이 되었지. 그나저나 자네도 칼에 손을 비는가?"

"그러믄요."

"허긴 그려. 원숭이도 낭구에서 떨어지는 벱잉게."

공치사는 공치사일 뿐, 그가 바삐 일을 하는 데 보탬이 되는 것이라곤 없다. 그 공치사를 받다가 깜빡해서 칼의 하중이나 방향을 놓치는 날이면, 정말이지 그 공치사 주인의 말처럼 손을 베이는 일이나 생길 것이다. 아무리 신중하게 작업에 골몰한다고 하더라도 그런 불상사는 자주 일어난다. 불을 가까이 하는 사람들이라면 뜻하지 않게 자주 불에 데는 것처럼 그 역시, 스스로 생각해도 부끄러운 일이지만, 그런 실수를 아무래도 피할 수는 없다.

'칼에게는 자신의 몸 쪽에서 바깥쪽으로만, 그 길을 내주어야 하느니라!'

젊은 날, 그의 스승이었던 사람은 맨 처음 그렇게 가르쳤다고 한다. 부엌일이거나 조각이거나를 막론하고 무슨 일이든 칼질을 할 때는 자신의 몸 쪽이 아니라 바깥쪽으로만 칼이 나아가게 해야 한다는 평범하기 이를 데 없는 진리였다. 그래야 칼이 빗나갈 경우에 다치지 않는 것이다. 하지만 칼에게는 그 칼 스스로의 길이 따로 있는 것만 같다. 빗나가지 않았는데도 어느 한순간 칼은 엉뚱한 방향으로 제 길을 찾아가고 만다. 그럴 때면 작품이 상하거나 몸이 다친다. 그리고 고통보다 더한 부끄러움이 닥친다.

작업실 옆의 전시장에 진열돼 있는 그 낱낱의 작품들에는 바로 그러한 고통과 부끄러움이 진하게 배어 있다. 옛 선비들이 두루마리 편지를 꽂아 두는 데 쓰던 고비, 그걸 만들 때는 받침을 평평하게 고르다가 넓적칼에 다쳤다. 솟대를 세울 때는 칼 때문은 아니었지만 결이 갈라진 대나무 가지에 손가락을 찔리기도 했고, 사찰 도량의 허공에 매달려 마른 울음을 울어야 할 목어 내장을 파낼 때는 손톱에 피멍이 들었었다. 잔칼질이 세세하게 가해져야 하는 관세음보살상에는 자신의 피가 묻지는 않았어도 마른 박달나무가 어찌나 단단하던지 손아귀가 한동안 얼얼한 적도 있었다. 그리고 고속도로를 타고 전주에 들어서는 관문의 '전주'라고 쓰인 대형 편액을 만들 때는 그 거대한 무게에 눌려 발등을 찍히기도 했다. 그렇게 해서 공예품마다 제작이 끝나는 순간, 하나같이 그의 피 같은 아들이 되고 살 같은 딸이 되기도 했던 것이다.

다행인 건 조각칼에 의한 상처에는 뒤탈이 없다는 점이었다. 숫돌에 늘 칼을 갈아 쓰기도 하는 데다가 쉴 새 없이 나무속을 파고드는 과정에서 칼이 저절로 소독이 되기 때문이리라. 비록 그렇더라도, 몸을 조금이라도 다치는 날이면 그는 나무들에게 용서를 빌었다. 살아 있는 나무를 보면 무병장수를 빌었으며 죽은 나무에게는 고개를 숙여 자신을 용서하라고 나직나직하게 일렀다. 그러고 나면 마음이 조금은 편해졌다. 자기 일이란 게 죽은 나무에게 새로운 생명을 나누어 준다는 식의 가당치 않은 자만심 같은 건 언감생심 없었더라도, 그렇게 빌고 나면 그 낱낱의 나무들이 희미하게나마 제 본래의 향을 더 베푸는 듯도 싶었다. 먹감나무는 제 안에 깊이 감추고 있던 홍시와도 같은 농익은 진액을, 그리고 느티나무는 그 수피를 이루던 날들마다 마을 동구 밖에 서서 따사롭게 응시하던 정경처럼 사람들끼리 도타이 나누던 인정의 냄새를……

"아저씨, 들어가서 구경해도 돼요?"
"아, 얼마든지 되지요."

일가족이 기행이라도 나온 모양이다. 말이 떨어지기가 무섭게 그들은 전시장이 아니라 작업실로 우르르 들어선다. 그 사이에 고목을 들고 왔던 손님이 슬며시 밖으로 나선다. 방학을 맞으면 견학 삼아 나들이를 나오는 가족들이 부쩍 많아진다. 무엇인가 기록을 남겨 돌아가야 하는 그들에게는 따로 시간을 내어 안내를 해 주든지 작품 설명을 곁들여 줘야 한다. 이런 가족들을 만나면 시간이 아깝다는 생각 따위는 들지 않는다. 다만, 아빠가 함께 놀아 주지는 않고 일만 한다고 몇 주일째 불퉁거리던 두 아들 녀석의 얼굴이 문득 머릿속을 스치고 지나간다. 일일이 인간의 손에 의존해야만 하는 수공예 작업들이란 기계 작업과는 달리 언제 끝나는 것인지 도통 기약할 수가 없는 법이다. 손은 기껏해야 두 쪽뿐이고 머릿속이 명령하고 지시하는 대로 마무리가 되지 않기 때문이다. 그래서 늘 쫓기고, 애꿎게도 그 둘 사이에 놓인 가슴만 타들어 가는 경우가 많다.

이런저런 과정에 기계화를 꾀할 수도 있을 것이다. 그래야 손님이 원하는 시각까지 주문에 응할 수도 있고 뜻하지 않게 몸을 다치는 불상사도 피할 수 있을 것이다. 예를 들자면 이웃에서 서각書刻 일을 하는 젊은이는 컴퓨터로 작업을 하고 있다. 도장을 파 주는 정도의 일은 말할 것도 없고 웬만한 간판이나 집 안 장식물까지 신기하게도 컴퓨터로 작업을 하는 것이다. 그 가게 벽에 걸려 있는 '하면 된다'라거나 '사랑과 무엇과 무엇이 있는데 그 중에 제일은 사랑이라' 등의 글귀가 파인 나무 장식물들을 다 컴퓨터가 조각하는 걸 보고 처음에는 놀랍기도 하고 내심 부럽지 않을 수가 없었다. 하지만 그는 이내 고개를 돌리고 말았다. 그건 컴퓨터로 양념을 재고 로봇이 버무려서 조리한 그런 요리에 지나지 않는다. 누가 그 요리에 입맛이 동하겠는가?

물론 앞으로 어느 때, 미래에는 분명히 컴퓨터로 요리를 하는 시대가 올 수도 있다. 그렇게 되면 김치를 직접 담글 줄 알고 인절미를 손수 빚을 수 있는 사람들은 모두 지구상에서 영영 사라질지도 모른다. 그러니 자신만이라도 그날까지 수작업을 계속하고자 하는 것이다. 자기 혼자만이라도…….

그 긍지와 필요성은 이미 미국의 한 저명한 대학교수를 만난 뒤로 깨닫게 된 일이기도 했다. 그는 세계적인 하프 전문가라고 했다. '사단법인 고악기연구회古樂器硏究會'라는 단체의 의뢰를 받아 그 하프와 맥을 같이하는 우리 전통의 악기 공후를 복원하는 작업을 수행할 때 법인의 초청으로 그가 '목우헌'에 들른 일이 있었다.

"이게 뭔가요?"

그 외국인이 공후 모형을 들고 물었다. 그건 본격적으로 복원 작업을 하기 전에 작게 박달나무로 시험 삼아 깎아 본 모형이었다. 누군가가 그 사실을 통역했다.

"이거 살 수 있나요?"

외국인 교수가 다시 물었다. 그건 아직 완성이 되지 않아서 거칠뿐더러 밖으로 내놓을 물건도 못 되었다. 그는 웃으며 고개를 가로저었다. 그렇지만 외국인은 더욱 바짝 다가서며 집요할 만큼 매달렸다.

"얼마나 드리면 팔겠습니까?"

그가 다시 고개를 흔들었다. 외국인의 눈에는 낙담한 표정이 역력했다. 그러더니 그 외국인 대학교수는 이내 자기 엄지를 치켜들며 말했다.

"이건 전 세계에 하나뿐인 예술품입니다."

그때 그의 얘기는 많은 것을 생각하게 했다. 상처 입고 갈라지고 터지고 투박해진 자신의 손가락과 손마디와 손바닥이 그때만큼은 자랑스럽게 여겨지기도 했다. 이제 아무도 이 거친 일들을 손으로 직접 하려고 들지는 않는다. 그래서 나 하나만 세상에 남았구나 하는 쓸쓸하고도 무거운 자존의 긍지가 무겁게 다가오기도 한다. 더러 '한국전통문화고등학교'나 '전주우석대학교'에 나가 전통 목공예 강의를 할 때도 그런 점은 뼈저리게 느낀다. 강의를 받기는 해도 장차 필생의 업으로 목공예를 전공하겠다는 학생들은 이제 더 이상 없다. 기능 전승자로 지정되면서 '전수자'를 한 사람 둘 수 있게 됐는데도 벌써 몇 개월째 지원하는 젊은이가 아무도 없다.

공후 모형이 다 완성되면 미국의 그 대학교수에게 선물로 보내 줘야겠다는 생각을 그는 한다. 전에 자신의 어머니가 그러셨다. 돌이켜 보면 자신은 어머니의 손재주를 그대로 물려받았다. 어머니께서는 도토리묵 하나를 쑤어도 남들과 달랐다. 그건 친척들이 인정하고 동네 아주머니들이 모두 부러워하던 솜씨였다. 소쿠리를 짜는 재주만 해도 그랬다. 산에서 댕댕이넝쿨이라는 걸 잘라다가 손질해서 만드시던 소쿠리는 읍내 장에서도 첫손으로 꼽히던 물건이었다. 결이 곱고 야무졌으며 깔끔하고 무늬까지 예뻤다. 그렇지만 어머니는 그렇듯 정성스럽게 만든 소쿠리를 누군가에게 아무렇지도 않게 선물하곤 하셨던 것이다. 장에 내놓아도 순식간에 동이 나곤 하던 그 물건을…….

"어이, 동생. 인자 고만 파장허세."

거칠고 궁벽하고 험한 고향 땅, 그러면서도 한없이 따사롭던 장수長水의 그 산과 댕댕이넝쿨과 각양각색의 나무 이름들을 차례로 떠올려 보고 있는데, 다시 자전거를 끌고 김영인 씨가 들어

선다. 벌써 어둑어둑해졌다. 그래, 고향 생각이 사무칠 때는 마냥 흘러가는 상념을 따라 몸을 쉬게 하자. 내 몸 역시 재산이지. 그것도 내게는 최고의 자산이거든.

"형님께서는 일찍 문을 닫으신 모양이네요."

"그려, 손님도 떨어지고 오늘 일거리도 아까 참에 다 마감 지었지. 자네도 여그, 맥주나 한 모금 들이켜소."

손님 아닌 손님이 캔 맥주 하나를 내민다. 작업용 앞치마를 벗어 놓으며 그가 공손하게 그걸 받아 든다. 번번이 베풀기만 하는 그 자잘한 인정에 목이 메어 있던 터라 맥주 맛이 달게 느껴진다.

"참말이지 자네 손은 하늘이 내렸네."

"원, 별말씀을……."

"아니라네. 나이 예순을 넘긴 사람의 얘기잉게로 틀림 없을 걸세. 그런디……."

"예."

"단순허게 기술이 좋은 사람보다는 말 그대로 장인이 되어야만 허네."

그의 말을 어렴풋이 이해할 것도 같다. 그 속에는 많은 의미와 주문이 담겨 있다는 사실도 알고 있다. 아직 자만하지 말라는 경계의 의미도, 그런가 하면 절대 타협하려 들거나 의기소침하지 말고 끝까지 자존심을 지켜 가라는 정반대의 주문도 분명 포함돼 있을 것이다.

"목공 분야에서는 자네가 그 뭐냐, 피카소가 되는 날을 나는 지둘린다네."

"분에 넘치는 말씀이지만 여하튼 고맙습니다."

피카소라니! 처음부터 그런 명성을 꿈꾸었던 건 아니다. 하지만 언젠가 읽었던 한 석공의 얘기는 아직도 심중에 뚜렷하게 각인돼 있다. 아마도 세계기능경기대회에서 처음으로 석공 분야 금메달을 땄던 사람의 수기였을 것이다. 처음 그 소년이 돌 공장에 들어갔을 때 주인은 돌을 직선으로 잘라 내는 훈련만 무려 1년이 넘게 시키더라고 했다. 그는 묵묵히 그 일을 견뎠다. 눈을 감고도 돌을 반듯하게 자를 수가 있다고 여기게 될 무렵, 이번에는 주인인 그 장인이 돌을 곡선으로 깎아 보라고 시켰다. 소년은 오랜 세월에 걸쳐 그 일도 완수해 냈다. 그러자 장인은 다음부터는 돌을 둥글게 조각하는 법을 익히라고 하더란다. 달빛과 햇빛에 의해 나이가 들고 세월이 흐르면서 드디어 그는 모든 돌들을 물렁한 떡 주무르듯이 할 수 있게 되었다. 그리고 자신감이 그만큼 팽배해지게 되었다.

그러던 어느 날, 그는 토함산의 석굴암을 마주 대했다. 그 순간 그의 심장이 멎는 듯했고, 그는 그 벅찬 감격과 부끄러움을 이기지 못해 그대로 바닥에 무너지며 대성통곡을 하고 말았다고 한다. 그런 통곡이 있은 뒤로 더 숱한 날들이 흘러가고 결국은 금메달도 딸 수 있었다는 얘기다.

아마도 그 소년은 지금쯤 누구도 넘볼 수 없는 진정한 일인자의 자리에 올라 있을 것이라는 믿음이 든다. 일인자의 자리가 부러운 것은 물론 아니다. 그가 도달해 있을 그 순정하고 까마득한 경지가 소름 끼칠 만큼 무서우면서도 강하게 끌린다. '장인匠人'이라면 당연히 그런 정도의 존재를 부르는 칭호여야 하리라. 그래서 기회가 생긴다면 수소문해서라도 꼭 한 번쯤은 그 사람을 찾아가 보고 싶다고 그는 생각한다. 그가 일하는 뒷모습을 한번 살펴보는 것만으로도, 아니, 구경해 보는 것만으로도 족하다. 그러고는 시답잖은 얘길랑은 다 접어 두고 그저 묵묵히 소주 한잔 권하고 싶어진다.

"이것 좀 들어 보세요."
 바로 이웃의 관광안내소에 근무하는 아가씨 하나가 수박 몇 조각을 들고 온다. 전에 그곳의 과도 날이 무뎌져서 잘 들지 않는 걸 보고 가져와 숫돌에 갈아 준 적이 있는데, 그 칼을 쓸 일이 있을 때마다 생각이 잊히지 않는 모양이다. 이제 낫을 갈고 칼날을 세울 줄 아는 사람들을 만나기도 날로 어려워지고 있다. 연필을 깎고 사과 껍질을 고르게 깎아 낼 줄 아는 아이들이 일시에 사라져 가듯……. 누군가는 그게 무슨 상관이냐고 반문할지도 모른다. 그래도 좋다. 남이야 뭐라고 하든 자신은 지금의 일을 진정 사랑하고 있지 않은가!

고개를 들어 보니 앞산 '오목대' 위로 솟아오른 달이 처마 끝에 대롱대롱 걸려 있는 게 보인다. 지금 상현달이니 앞으로 사나흘만 지나도 크고 둥그렇게 차오를 것이다. 아무래도 이제 소등을 하고 바깥대문 바지랑대도 가로지른 다음에 서둘러 집으로 돌아가야겠다. 오늘 하루, 떡살만 해도 여섯 개를 깎았다. 그 떡살에 찍힐 푸근하고 향기로운 떡의 환영으로 말미암아 그는 갑자기 주체할 수 없을 정도로 마냥 배가 고파진다. 식구들도, 아내와 아이들 모두, 그 떡만큼 푸근하고 고마운 존재들이다.

그는 문득 울울창창하게 살아 숨 쉬는 나무 한 그루가 되기라도 한 것처럼 어두워진 하늘을 향해 있는 힘껏 두 팔을 뻗어 본다. 그러자 그 저녁의 서늘하고 오롯한 기운이 그의 폐부로 폭풍처럼 쏟아져 들어오기 시작한다. 날이 갈수록 그는 나무들을, 그 자신이 즐겨 다루고 아끼는 나무들을 하나씩 쏙쏙 빼닮아 가고 있는 게 분명하다.

이병천
1956년 전북 전주에서 태어났다. 1981년 《조선일보》 신춘문예에 시가 당선되었고, 1982년 《경향신문》 신춘문예에 소설이 당선되었다. 펴낸 책으로는 소설집 《사냥》, 《모래내 모래톱》, 《홀리데이》 등과 장편 소설 《마지막 조선검 은명기》, 《신시의 꿈》 등이 있다.

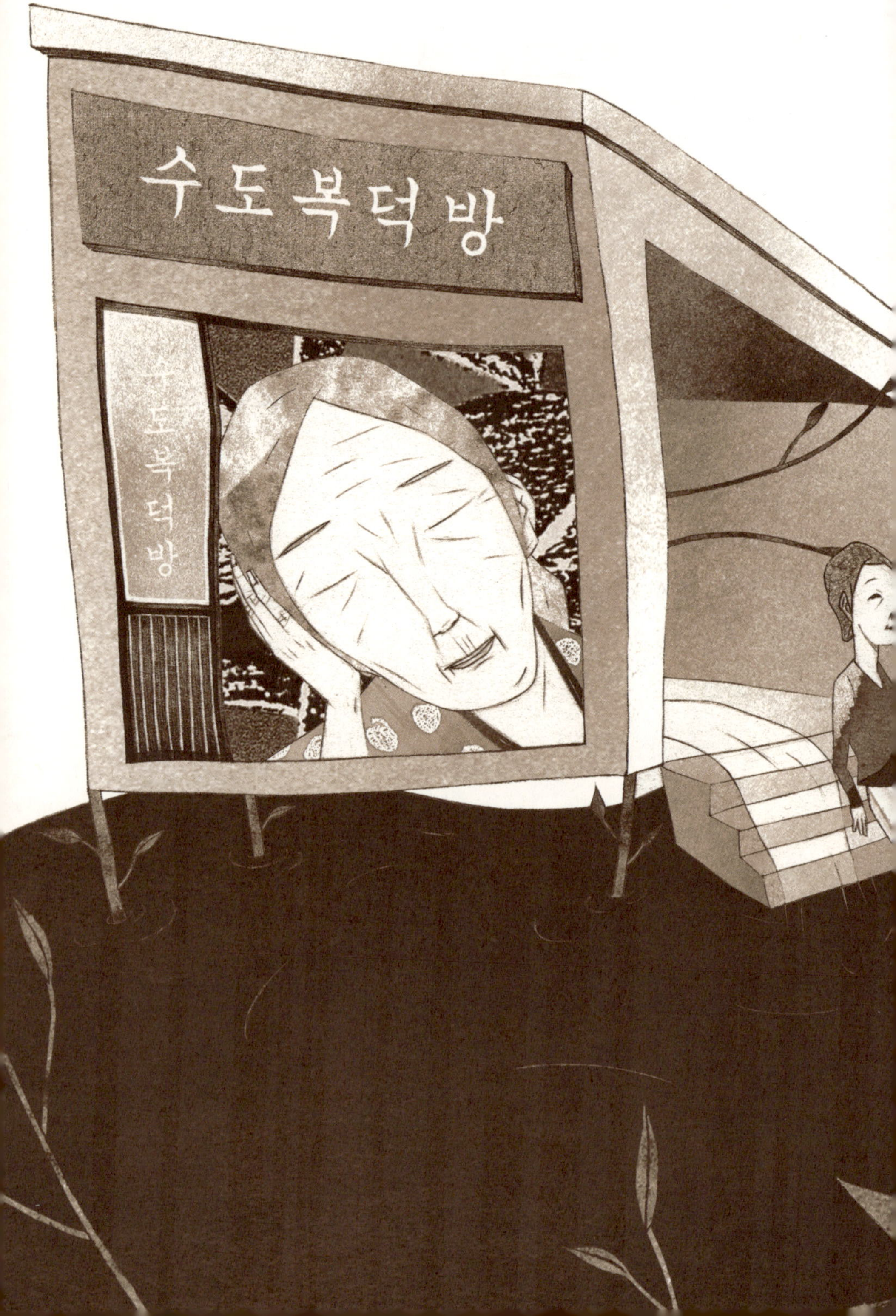
수도복덕방
수도복덕방

복덕방, 삶의 유쾌한 나날이 스며 있는 도심의 숲

정우영

"집이 참 좋아!"

얼마 전 저녁 무렵이었다. 미루를 데리고 노고산동 윗동네를 산책하다가 할머니를 뵈었다. 할머니는 요즈음 동네 주변에서 흔히 볼 수 있는 연변 아줌마를 뒤에 달고 느릿느릿 오르막길을 걷고 계셨다. 작은 공원 부근의 어떤 방을 보러 가신다는데, 그 걸음걸이로는 적잖은 시간이 걸릴 것 같았다.

가쁜 숨을 내쉬면서도 할머니는 나를 보자마자 역시나 한마디 칭찬을 내려놓았다.

"아이고, 장하셔! 좋은 일 하시네. 그럼, 강아지도 바깥 구경 해야지. 장하셔!"

내가 심심해서 미루를 끌고 나왔던 터라 참으로 난감한 칭찬인데, 어쩌랴. 쑥스럽지만 이렇게 대답할 밖에.

"아이, 뭘요. 요즘엔 다 강아지 산책시키고 그래요, 할머니!"

"에이, 아녀. 누가 강아지를 그렇게 아껴 줘. 어림없지, 그럼. 벼리 아빠나 되니까 그렇지."

할머니의 칭송이 다시 시작되었다. 할머니 뒤를 따르던 연변 아줌마도 뭔가 대단한 사람을 만났나 싶은지 내 쪽으로 몸을 기울여 자세히 살피려 들었다.

가만히 있다가는 더욱 면구스러워질지도 모를 일이어서 나는 미루의 끈을 살짝 낚아 잡아끌었다. 미루를 핑계 삼아 자리를 모면하기 위함이었다. 내 의사가 통했는지 미루도 앞으로 나아가려 앞발에 힘을 실었다.

내가 못 이기는 척 딸려 가자 할머니는 못내 아쉬운 손짓으로 나를 보냈다. 아직 할 말이 남았는데, 하는 표정이었다. 그러나 어쩌겠는가. 할머니의 진정 어린 배려를 느끼고 있기에는 내가 너무 쑥스러운데. 가다가 뒤돌아보니, 어디 멀리 가는 사람을 배웅이라도 하는 것처럼 할머니는 여전히 그 자리에 서서 손짓으로 나를 보내고 계셨다. 나는 할머니의 다감한 배웅을 받으며 그 '장한 일'을 계속했다.

비단 나만이 아니다. 우리 집 식구는 모두 할머니에게 칭송의 대상이다. 딸내미를 보시기만 하면 한결같이 하시는 말씀이 "어쩌면 이렇게 이뻐. 이쁘게도 컸네."이다. 아침에 보셨어도 저녁에 다시 보면 또 "어쩌면 이렇게 이뻐. 이쁘게도 컸네." 하신다. 아내에게는 "벼리 엄마 덕분에……"가 칭송의 언사다. 장모님 챙겨 드릴 때 할머니 것도 가끔 챙겨 드리면 할머니는 고마워서 어쩔 줄 모르신다. 그러고는 "덕분에"를 입에 달고 다니시는 것이다. 당신께서도 곧 부침개를 부쳐 준다든지 국수를 삶아 온다든지 하시면서도.

할머니에게는 우리 집 일이 다 고맙게 여겨지는 모양이다. 내 딸애가 건강하게 잘 자라는 것도 아내가 일 나가는 것도 고마운 일이라고 하신다. 물론 장모님이 곁에 사시는 것도, 별 탈 없이 세상 돌아가는 것도 다 고마운 일에 속한다.

우리가 살던 집을 내놓고 새로 전세를 가야 할 무렵이었다. 고마운 우리 집을 위해 마침내 할 일이 생겼다는 듯 할머니는 우리보다 더 열심이셨다. 누가 집을 내놨다 싶으면 그 집이 우리와 맞는 것은 둘째 치고 우선 우리부터 부르셨다. 가 보자는 것이다. 할머니의 설명은 간단했다.

"집이 참 좋아!"

우리는 잔뜩 기대를 품었다. 오랫동안 집을 봐 오셨으니 얼마나 잘 아실까 싶어 할머니의 추천대로 따를 참이었다. 그런데 그게 아니었다. 처음 찾아간 집 안 꼴이 말이 아니었던 것이다. 할머니는 집이 넓고 싸다며 여기저기를 보여 주었지만 우리는 건성건성이었다. 아내가 단 하나의 조건으로 어둠침침한 곳은 싫다고 했는데, 그 집이 전형적으로 어둠침침한 곰팡이들의 천국이었다. 사방이 꽉 막혀서 숨 쉬기조차 힘들 것 같았다. 차마 사실대로 말씀드릴 수가 없어서 집은 넓은데 방이 작다고 둘러대며 얼른 그 집을 나왔다. 우리는 괜스레 민망하여 "뭐, 더 마땅한 집이 곧 나오겠죠." 하고 할머니를 모셔다 드렸다. 할머니는 여전히 "집이 참 좋은데."를 나직하게 읊조리고 계셨다.

집에서 잠시 쉬고 있는데, 다시 호출이 왔다. 정말 좋은 집이 나왔다는 것이다. 우리는 이번에야말로 하는 기대를 가지고 복덕방으로 향했다. 그 집은 언덕배기에 있었다. 집은 정말 좋았다. 훤하고 통풍도 잘되고 새 집이어서 곰팡이들과 사투할 일도 없어 보였다. 모든 조건을 만족시키고는 있었으나 결정적인 흠이 '좁다'는 것이었다. 아무리 궁리를 해도 우리 반려와도 같은 책들을 꽂아 넣을 자리가 마땅치 않았다. 우리 심정은 아랑곳없이 할머니는 연신 "집이 참 좋아."를 들려주고 계셨다.

그로부터 일주일 동안 밤마다 마실 가듯 우리는 할머니를 따라 온 동네를 헤집고 다녔다. 할머니는 여전히 집이 참 좋다고 하셨지만 나도 그렇고 아내도 그렇고 처음만큼 그다지 미더워하지는 않았다.

할머니랑 헤어져 내려오다가 다른 부동산 중개소 아저씨를 만났다. 장모님이 보다 못해 다른 곳에다가도 일러두셨는지 좋은 집이 있으니 보자고 하셨다. 다소간 발품 팔이에 지치기도 한 우리는 아저씨 뒤를 따랐고 우리 집과 가깝다는 이유 하나로 계약을 했다. 자꾸 할머니의 "집이 참 좋아!"가 나를 괴롭혔으나, 눈 딱 감고 계약서에 도장을 찍었다.

그러나 그것으로 끝난 게 아니었다. 죄송스런 마음에 미처 연락드리지 못하는 사이에 우리는 "집이 참 좋아!"를 몇 번이나 더 들어야 했다.

복덕방, 도심의 숲

수도부동산중개소, 이게 공식 직장 이름이며 할머니는 그 직장의 대표이다. 그러므로 수도부동산중개소 대표 혹은 사장, 이게 할머니의 공식 직함이어야 하지만 아무도 그렇게 부르지 않는다. 모두들 그냥 복덕방 할머니라고 부른다. 누군가 수도부동산중개소 사장, 하면 당사자인 할머니께서도 어리둥절해하실 것이다. 복덕방 할머니, 이렇게 불러야 부르는 사람도 듣는 사람도 편하다. 또 그래야 소통이 된다. 그렇다, 아직도 노고산동에는 복덕방이 있고, 사람살이를 소중하게 생각하는 복덕방 할머니가 있다.

이곳을 지나는 누군가는 수도복덕방에서 6~70년대를 떠올릴지도 모른다. 발전이 지체된 후미진 역사의 그늘이라고 생각할 사람도 있을 것이다. 하지만 나는 그곳에서 훈훈한 생활의 흔적을 발견한다. 가지런하지 않은 간판과 촌스러운 꾸밈에는 노을 진 삶의 유쾌한 나날이 스며 있다. 도심의 숲이라고 할까, 아니면 관계의 샘이라고 할까. 우리에게서 자꾸만 사라져 가는 다사로운 정서 한 자락이 졸졸 흘러나온다.

밤늦은 시각, 산책을 하다가 나는 가끔씩 그 물줄기를 좇아 올라가 수도복덕방을 기웃거린다. 복덕방은 그때까지도 불이 켜져 있을 때가 많다. 할머니는 소파에 기대 꾸벅꾸벅 졸고 계시고 이웃 할머니들과 아줌마들은 부산스럽다. 민화투판도 벌어지고 간혹 소주병도 쓰러져 있다. 누가 주인이고 객인지 분간이 안 간다.

이 풍경은 사실 내겐 익숙하다. 어렸을 때 시골에서 흔히 보아 온 그 모습이다. 맞다, 사랑방이다. 할아버지, 아저씨가 할머니, 아줌마로 바뀌었을 뿐, 사랑방임에 틀림없다. 사랑방만이 가진 묘한 분위기가 거기에는 있다. 아무런 거리낌 없이 말과 마음을 내려놓는 사랑방 풍경.

그래서 나는 마음이 조급해질 때쯤이면 부러 복덕방을 찾아간다. 그러고는 사람들 몰래 유리창에 두 눈을 바짝 붙인다. 어김없이 할머니는 소파에서 졸고 계시고 이웃 할머니들은 부산스럽다. 내 볼에 설핏 미소가 번진다. 할머니, 저 왔어요.

복덕방 할머니와 우리 할머니는 닮은 데가 거의 없다. 그런데도 나는 그 할머니만 보면 내가 여덟 살 때 돌아가신 우리 할머

니를 떠올린다. 그 연상은 참으로 황당한 것이어서 언젠가는 우리 할머니의 기억을 붙들어 놓고 그 할머니의 여러 가지를 빗대어 본 적이 있다. 자태뿐만 아니라 말투, 걸음새, 버릇, 그 어느 하나도 비슷하지 않았다.

나는 씁쓸하게 대비를 멈추었는데, 다음 날인가 복덕방 할머니를 보자 예전보다 더 뚜렷하게 우리 할머니가 되살아났다. 형상과는 아무런 상관 없이 내 감정의 어떤 끈이 그 할머니와 연결되어 있는 모양이었다. 내 무의식 속에서 자꾸 말라 가는 할머니의 기억을 할머니 스스로 용납할 수 없었는지도 모른다.

할머니 입장에서 보면 그럴 법도 하다. 나와 우리 할머니는 손자와 할미가 아니라 어미와 아들 같았다. 내 기억에 의하면 나는 어머니 젖이 아니라 할머니 젖을 물고 자랐다. 그러니 나이 들어 가며 지워지는 기억을 할머니는 어떤 대상으로든 묶어 두고 싶을 것 아니겠는가.

하여, 나는 그 할머니와 우리 할머니를 기억 속에 함께 모시기로 했던 것인데, 막상 복덕방 할머니를 뵈면 나는 참 어설퍼진다. 할머니는 반가워서 말 한마디라도 더 건네고자 하시지만, 나는 문득 이성의 공간으로 되돌아 나와 버리는 것이다. 이런 마음의 변덕은 또 무엇 때문인가.

나는 그 변명거리를 이렇게 찾아본 적이 있다. 그 거리를 좁힐수록 내가 복덕방 할머니의 아픈 기억을 도리어 헤집는 것은 아닌가 하고.

우리나라에서 아흔 살쯤 드신 분의 일생은 누구나 그렇듯 역사가 되는데 할머니의 삶도 마찬가지다. 숱한 곡절로 점철된 삶의 역정이었다. 일제 시대, 독립, 한국 전쟁, 독재 정권 등 우리 민족이 공통적으로 겪은 역사적 상처는 말할 것도 없고 개인적인 삶도 신산하기 짝이 없었다. 나이 쉰일곱에 남편을 잃고 홀로 5남 1녀를 키웠는데, 그중 큰아들과 딸을 먼저 보냈다.

흔히 자식은 가슴에 묻는다고 말하는데, 이보다 더 적절한 말은 없을 듯하다. 나보다도 더 아껴 가며 세상에 내놓은 자식인데 먼저 눈 감았다고 해서 다 지워지는 것은 아닐 것이다. 때만 되면, 아니, 기억의 촉수가 살짝이라도 가 닿기만 하면 묻은 자식이 생생히 되살아날 것이다. 이렇게 보면 자식은 묻는 게 아닌 것 같기도 하다. 세상에서 사라진 존재를 어미의 가슴이라는 새로운 차원의 우주에 살게 하는지도.

그러나 할머니에게서 그런 아픔의 흔적을 찾아보기는 어렵다. 전혀 내색하지 않는다. 할머니는 잔잔한 강물 같다. 개인사든 역사든 다 포용해 버리는 것이다. 물론 할머니의 가슴을 헤집어 보면 어찌 흉터가 없겠는가. 오히려 그 누구보다도 더 많지 않을까. 단지 그것을 표현하지 않을 뿐, 삭힌 슬픔의 덩어리들이 바위처럼 가라앉아 있을지도 모른다. 너무 많이 썩어 문드러져서 오히려 세상을 대하는 눈이 더 맑을 수도 있지 않을까 싶다.

그러므로 앞에서 말한 내 변명거리는 정당하지가 않다. 솔직하게 표현하면 그것은 편의적 이기심의 발로가 아닐까 싶다. 기억은 보존하여 외로움은 덜어 내되 현실의 번거로움은 피하려고 하는 못된 심보라고나 할까. 그런 점에서 나는 아직도 할머니의 무릎에서 벗어나지 못한 코흘리개일 수밖에는 없다.

감동의 가치는 얼마인가

"할머니, 글쎄, 안 가셔도 돼요. 오히려 어머니가 걱정하신다구요. 꼭 가셔야겠어요? 안 가셔도 된다니깐 그러시네. 알겠습니다. 그럼 내일 오전에 뵈어요."

결국 아내가 할머니께 지고 만 모양이다. 장모님이 허리 골절로 병원에 입원하시자 할머니는 안절부절못하셨다. 당신도 가 봐야겠다는 것이다. 하지만 그 연세에 병문안이 웬 말인가. 장모님도 아내도 다 할머니를 말렸다. 곧 퇴원하실 테니 그때 보시라고. 그러나 할머니는 막무가내였다. 마치 당신이 찾아가 봐야 장모님의 병세가 곧 나아지리라고 여기시는 것 같았다.

병실이 가까워지자 할머니의 발걸음이 갑자기 빨라졌다.

"아이구, 안 오셔도 되는데……."

장모님은 세워지지도 않는 허리를 들고 일어나려 하시고.

"그냥 계세요, 아이구, 어쩌자구! 빨리 일어나셔야지!"

할머니는 그저 안타까워서 어쩔 줄을 모르시고.

장모님과 할머니의 상봉은 자못 눈물겨웠다. 불과 며칠 새인데도 불구하고 두 분은 아주 오랫동안 떨어져 있다가 만난 이들처럼 감격해했다. 젊은이들처럼 호들갑스럽진 않았지만 건강을 염려하는 눈빛만큼은 간절했다. 오랫동안 서로의 손을 꼭 잡고 있었다. 마치 그 손 놓으면 누가 둘 사이를 떼어 놓을 것이라고 생각하는 어린아이들처럼.

입원실을 나오면서도 할머니는 자꾸 뒤를 돌아보았다. 함께 집으로 가야 하는 건데 하는 표정이 역력했다. 돌아오는 차 안에서 내내 할머니는 "빨리 나으셔야 할 텐데, 빨리 나으시겠지?" 하는 말을 기도처럼 읊조렸다.

복덕방 앞까지 모셔다 드리자 할머니는 "벼리 엄마가 참 고생 많네." 하시며 웬 봉투 하나를 쥐어 주셨다. 아내는 이러실 것까진 없다며 돌려 드리려 하였으나 할머니는 '어여 가라'는 손짓으로 우리를 제지했다.

봉투를 열어 보니 만오천 원이 들어 있었다. 순간, 참으로 묘한 감정이 봉투를 통해 전달되었다. 그 봉투 속에는 할머니의 마음이 다 들어 있었던 것이다. 만오천 원밖에는 준비하지 못한 안타까움과 미안함, 쾌유를 비는 절절함들이 봉투 속에 잘 갈무리되어 있다가 나에게 스며들었다. 나는 만오천 원을 봉투 속에 곱게 모셨다. 만오천 원을 통해 나는, 가치로는 환산할 수 없는 크나큰 행복을 맛보았다.

내가 아직도 할머니 앞에서는 코흘리개일 수밖에는 없는 이유가 바로 이런 데 있다. 내 모든 행위에는 돈이 돈대로만 따라다닌다. 새로운 가치를 창출하지 못하는 것이다. 내게 만오천 원은 딱 만오천 원이다. 더 이상의 가치는 없다. 할머니처럼 만오천 원이 측량할 수 없는 감동의 가치로 환산되지 않는다.

나는 할머니를 통해 어떻게 해야 어른이 될 수 있는지를 배웠다. 어른이 된다는 것은 다른 게 아니었다. 자본주의 사회의 질서인 '돈'의 가치마저 감동의 가치로 바꿀 수 있어야 한다. 그런 가치를 자유자재로 펼치는 이가 바로 어르신이다. 그러므로 어르신은 아무나 오를 수 있는 지위가 아니다. 동네마다 한두 분씩은 살아 계시던 어르신들이 새삼 그립다.

한편, 나는 만오천 원에서 비애 또한 맛본다. 내가 복덕방에서 느끼는 정서적 연댈랑은 아랑곳없이 찾는 손님이 무척 줄어든 것 같기 때문이다. 그렇기도 할 것이다. 주변에 보면 서비스도 좋고 깨끗한 부동산 중개소도 많은데 누가 할머니의 저 쭈글쭈글한 복덕방을 찾으려 할 것인가.

게다가 할머니는 글눈도 어둡다. 아주 사소한 불편도 참지 못하는 시절에 글눈이 어둡다는 것은 사실 치명적이다. 컴퓨터 계약서를 요구하는 시대 아닌가. 나만 해도 얼마 전 어떤 계약서를 작성하는데, 수기로 일일이 적는 것을 답답해한 적이 있다.

그런데 할머니는 아예 대필이다. 성질 급한 손님이라면 답답해

미칠 노릇일 것이다. 이제 할머니도 문을 닫아야 할 때가 온 것인가. 내 바람과는 아무런 상관 없이 세월의 흐름은 수도복덕방의 물기를 다 말려 버리는가.

나이 아흔의 현역 일꾼

수도복덕방의 연륜도 이제 반세기에 이른다. 처음 수도복덕방을 낼 무렵에는 신촌 인근에 복덕방이 거의 없었다. 할머니는 그 점에 착안을 해 광목 천 끊어다가 '복덕방'이라 내걸고 개업(?)을 했다. 여기 노고산동이 아니라 서강에서였다. 당시에는 그곳이 사람 왕래가 더 활발했기 때문이다. 물론 무허가에 이름도 없었다. 사업이 좀 되자 할아버지에게 그 자리를 물려주고 할머니는 이곳 노고산동으로 올라와 돈 2만 원을 내고 허가 받은 복덕방을 열었다. 할아버지는 복덕방 앞에 있는 공동 수도의 이름을 따 수도처럼 매물이 콸콸 쏟아지라고 수도복덕방이라 이름 지어 줬다.

"그때가 제일 좋았수. 복덕방도 잘되고, 할아버지도 곁에 있었고."

할머니의 눈자위가 잠시 젖어들었다.

"쉰일곱에 할아버지가 가셨는데 막막하더라고. 그래도 어쩌겠수? 복덕방 일에 더욱 매달렸지. 내가 5남매를 뒀는데, 하나만 할아버지가 결혼시키고 나머지는 다 나 혼자 여의었어. 그때 똘똘한 사람 하나만 곁에 있었어도 돈 많이 벌었을 텐데. 와우산 있

잖우? 거기에 말뚝만 박으면 주인 행세하던 시절이었거든. 나도 거기에 한 30평 해 놨는데 어찌어찌하다가 놓치고 말았지."

　무슨 전설을 듣는 기분이다. 미국 서부 개척 시대도 아니고, 산에다가 말뚝만 박으면 주인 되는 세상이라니? 그것도 서울에서. 아마 그게 불도저 시장으로 불리던 자가 개발이라는 이름으로 서울을 만신창이로 만들 때 얘기인 모양이다. 그런 때였으니 복덕방도 성업이었을 것이다. 모르긴 몰라도 임자가 최소한 몇 차례는 바뀌었을 테니 복덕방도 덩달아 일감이 늘어나지 않았겠는가.

　그러나 그게 아니어도 할머니의 수도복덕방은 잘되었을 것이라고 믿는다. 내가 할머니를 처음 뵌 것은 수도복덕방이 우리 집 부근에 있을 때였으니 지금으로부터 한 15년 전쯤 된다. 그리 썩 잘되지는 않지만 그로부터 지금까지 할머니는 여전하다. 나는 그 저력이 할머니의 성심 때문이라고 생각한다. 할머니는 어떤 손님이든 성심성의껏 응대한다.

　바로 이런 성심이 할머니의 복덕방을 현재까지도 이어 주는 매개 고리일 것이다. 장모님 말씀을 빌리면 한때 할머니도 부동산 붐을 타고 돈 벌 기회가 많았다고 한다. 하지만 글눈이 어두우니 당할 수밖에. 당시 같이 하던 이가 돈 좀 될 만한 매물은 다 빼돌렸다는 것이다. 그럼에도 할머니는 '오죽하면 그런 짓을!' 하셨다고 한다. 어렵게 살아온 이의 휴머니즘이라고 해야 할까, 아니면 체념이 몸에 뱄다고 해야 할까.

　나는 굳이 휴머니즘이라고 부르고 싶다. 할머니의 이와 같은 생각은 옛 어르신들의 사고방식과 참으로 흡사하다. 옛사람들은 살기 위해 저지른 과오에 대해서는 비교적 관대했던 것이다. 웬만한 잘못에 대해서는 공동체에서 내쫓지 않고 눈감아 주는 관용을 베풀었다. 할머니의 마음도 그러했을 터이다. 있으니 함께 나누어 먹고 살자는!

　다른 직장이라면 할머니는 벌써 수십 년 전에 은퇴했을 나이이다. 그러나 할머니는 여전히 현역이시다. 나는 그런 할머니가 고맙다. 나이 아흔에 복덕방 일을 본다는 게 결코 쉬운 일은 아니다. 복덕방 일이라는 게 사실 끊임없이 걷는 것이다. 그것도 편한 길을 산책하듯이 걷는 게 아니다. 때로는 계단을, 골목길을, 혹은 옥탑방 사다리를 걷고 또 걸어야 한다. 벌이가 괜찮은 날 밤은 종아리에 경련이 인다고 한다. 그러한 삶을 아흔 나이에도 불구하고 계속하고 계신다. 우리나라 현역 일꾼 중 가장 나이 많으신 분 축에 들지 않을까 싶다. 나이 오십이면 은퇴를 강요하는 우리나라의 현실에서 할머니는 참으로 귀한 존재라고 나는 믿는다.

일요일 아침 일찍 전화가 울린다. 받아 보니 장모님이시다.
"예, 어머님!"
"할머니가 부침개를 부쳐 오셨는데, 맛있어. 올라와서 좀 먹으라고!"
장모님의 전화를 받고 부침개를 먹으러 장모님 댁으로 간다. 두 노인네가 반가이 맞으신다.
"요 앞 산자락에다가 고추랑 깨, 부추를 심었는데 잘 자랐어. 그래 좀 드시라고 해 왔지. 벼리 할머니가 통 뭘 못 드시잖아!"
순전히 할머니의 정성으로 키운 깻잎과 고추, 부추가 들어간 부침개를 먹는다. 맛있다. 진득한 장마로 축축 처지던 몸에 생기가 돈다.
"많이 들어요."
장모님이 젓가락을 건네고 할머니가 내게 부침개 한 판을 더 꺼내 놓는다.
"맛있지?"
"네!" 하고 고개 들어 보니, 복덕방 할머니가 아니라 우리 할머니가 거기 앉아 계신다. 나 먹는 것을 바라보는 눈길이 참으로 자상하다. 눈 비비고 봐도 그대로다. 난 그냥 받아들이기로 한다. 편하다.

부침개를 오물거리면서 깨닫는다. 수도복덕방과 할머니의 존재감을. 나처럼 다른 할머니와 아줌마들에게도 그곳은 잊으려 해야 잊을 수 없는 어떤 기억을 환기시키는 공간임을.

그렇다. 수도복덕방은 현재에서 과거로 가는 문이다. 복덕방 할머니는 그 문을 열어 우리에게 시원의 그리움을 해갈해 주는 것이다.

허름하고 하찮아 보이는 곳에서 마음의 물길은 시작되며 도심의 숲은 그로부터 열린다. 나는 수도복덕방과 복덕방 할머니에게서 그것을 확인한다. 마음의 본향이 그리운 사람은 오라. 수도복덕방에서는 시간을 넘나드는 관계의 샘이 솟는다.

정우영

1960년 전북 임실에서 태어났다. 1989년 《민중시》를 통해 작품 활동을 시작했다. 시집으로 《마른 것들은 제 속으로 젖는다》, 《집이 떠나갔다》가 있으며, 시평 에세이 《이 갸륵한 시들의 속삭임》을 펴냈다.

험난함을 스스로 포용한
바닷사람의 염결한 꿈

한상준

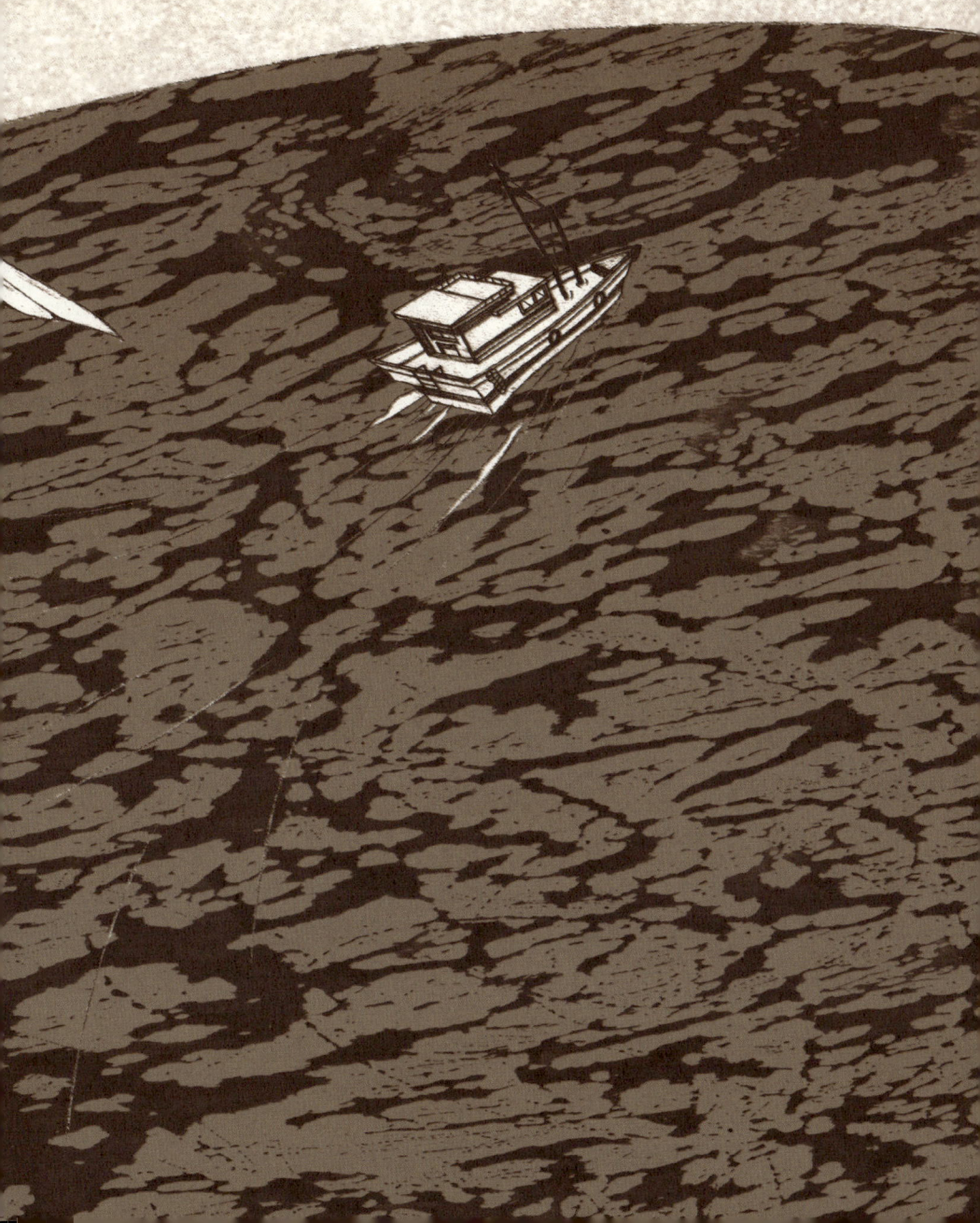

바다가 몸살을 앓듯 뒤척인다. 바람 불고 너울 크다. 방파제 안에 배들이 여러 척 정박해 있지만, 어장 배는 눈에 띄지 않는다. 딱 한 척, 문어 잡는 통발선이 보인다. 잡는 어업이 본시 성하지 않은 지역이다. 고만고만한 배들이 풍랑에 뒤뚱거린다. 방파제 안에 있어도 정박해 있는 배들이 적잖이 흔들린다. 그가 브리지에서 나와 아는 체를 한다. 듬직한 덩치에 적당히 색 바랜 모자를 눌러쓴 그가 히죽 웃으며 다가와 손 내민다. 오늘은 그의 바다 밭, 양식장에 나가기로 한 날이다. 서로 얼굴 맞대고 이런저런 이야기를 나누려고 짬 내자며 몇 차례 연락을 했으나, 쉽지 않았다. 겨우 맞춰 오늘 시간을 잡았다. 그런데 바람이 의외로 드셌

다. 다시 미둔들 종잡을 수 없는 게 늦가을 초겨울의 바다다. 나가기로 의기투합한다. 1.98톤의 '청해 레저'호. 복합 양식과 낚싯배로 승인된 크지 않은 배다. 브리지까지 만들어 폭이 더욱 좁게 느껴진다. 200마력짜리 엔진을 단 선외기다. 이 정도면 값이 통통하다고 알려져 있다.

"그러니까 수면에 어둠살이 안즉 붙어 있는 바다, 그것도 너울 한치(마저) 큼지막허니 치넌 바다에 나올라먼 섬뜩헐 만치 무섬증이 밀려오지라. 겨울에넌 더 그러고라. 바다넌 겨울 바다가 무섭거던니라. 글치만 앞가림혀야만 허넌 이녁 삶으 현장이라고 생각허먼, 지아무리 무섭고 힘들더라도 친해져야 않겠어라? 친구라고 여겨야지라. 참말로 친한 친구넌 하루라도 눈에서 벗어나먼 보고 잡고, 또 보고 잡고, 그러잖어요."

영화 〈서편제〉에 나오는 보리밭으로 유명해진 청산도가 오른쪽 섬 사이로 보인다. 앞은 생일도다. 파도를 깨면서 수면 위를 펄펄 날아 도착했다. 그가 일구는 바다 밭은 물살마저 빠르게 흘렀다. 배가 멈추자 너울이 곧 옆구리를 때린다. 섬들 사이에 있다지만 너울 거센 바다 위, 그야말로 일엽편주다. 묻는 말에 답하면서도 그의 손놀림은 부산하다. 부표를 달아 놓은 줄을 이물에 걸고 배를 그나마 진정시킨다. 그러고는 밧줄에 붙은 홍합, 미역 줄기 등속을 연신 떼어 낸다. 내년에 거둘 톳과 다시마 양식을 위한 청소 작업이다. 바다와 친구가 되지 않고서는 해낼 수 없는 작업이라고 표현한 그의 말에 동의할 수밖에 없다. 고정시켜 놓았다지만, 너울이 배의 옆구리를 팍팍 치받을 때면 등줄기가 오싹해진다. 그가 일하는 장면을 디지털카메라에 담기 위해 한 손으로 셔터를 눌러 대면서 다른 손은 조타실 위에 설치해 놓은 철제 봉을 꽉 움켜쥔다. 그는 이런 바다에서 하루도 거르지 않고 고기를 낚거나 청소 작업 혹은 채취 작업을 한다.

이남오 선장. 1973년 태생이다. 오늘의 농어촌에서는 새파랗게 젊은 축에 든다. 그를 처음 만난 건, 내가 근무하는 일터 소재(전남 완도군 신지면)의 청년 회원들 몇 사람과 술잔 기울이며 이런저런 의견 나누는 자리에서였다. 요즘 농어촌에서 청년들 만나기란 그리 쉽지 않다. 자연 부락 단위에선 한둘이고 면 소재지 정도 되어야 겨우 몇몇 모여 세상살이 논하거나 정치적 진로를 모색하거나 혹은 술추렴하며 속살 따스운 정 나누는 정도다. 바로 그런 자리였다. 첫인상이 꽤 강단 있어 보였다. 한 상 건너, 그들끼리 나누는 몇 마디 대화가 내 귀에까지 들렸다. 목소리가 카랑카랑했다. 이제 막 병영에서 나온 제대 군인의 어투처럼 빳빳한 기운이 남아 있었다. 세상 돌아가는 꼬락서니에 대해 나름의 생각을 토해 내는 그의 품새는, 소금에 퍽퍽 전 푸성귀 모양으로 길거리 나다니라고 요구받고 있는 이곳 농어촌 살림살이에도 주눅이 그리 들지 않은 듯 꽤 다부져 보였다. 그런 점이 퍽 인상 깊게 닿았다. 피폐해질 대로 피폐해져 더 이상 거덜 나고 말 것도 없는 지경에 이른 오늘의 농어촌 현실에서 저렇듯 당당한 체하는 젊은 친구의 속내, 그 실체를 들여다보고 싶은 마음이 불현듯 솟고라지는 것이었다.

"애초에 낚시광이어라. 글다 보께 고향으로 내리올 맘도 묵게 됐지라. 지금도 이러코롬 바다에 나오먼 기분이 좋고 그라지라. 밧줄을 여그와 저그 말뚝에다 걸고 배를 찬찬히 몰먼 붙었등 게 모다 말끔허게 떨어져 분디, 바람도 굵고 그리 놔서, 요 쇠고랑(홍합 등속을 떼어 내는 디귿 자 모양으로 파진 기구)으로다 긁고 있제라, 시방."

낙향의 동력 가운데 하나가 낚시였다니 의외다. 너무 쉽게 말하는 게 아닌가? 세상 사는 일의 신산을 많이 겪었으리라 여기기엔 삶의 연륜이 그리 길다 할 수 없다. 생태주의적 혹은 전래적 삶의 방식에 흠모된 귀농일까?

"그런 건 결코 아니어라. 생태니 전래적 삶이니 허넌 방식을 따를 여유가 안직은 없어라. 여그서 사는 것 자체를 그러코롬 본다먼 모를까."

도시에서의 삶을 접고, 나무 기르거나 고기 잡거나 땅 일구기 위해 산촌이건 어촌이건 농촌으로 온 경우를 일반적으로 귀농이라 통칭한다면 그는 귀농자다. 하지만 그는 귀농자가 아니라고 고개를 내젓는다. 귀농 속에 담긴 부대 상황적 행위 가운데 생태적 삶, 전래적 생활 방식의 고집을 위해 고향 찾은 게 결코 아니라는 점에서 그렇다고 그는 힘주어 말한다. 어떤 깨달음과 각성을 거쳐 삶의 진정성에 의한 거듭남을 거머쥐기 위해서 고향에 왔다고, 그도 아니면 도시에서의 삶이 정말 고달파 고향의 삶이 그리웠다고, 미쁘게 드러낸들 누가 꼬집을 바도 아닌 터에 그는 '아니다'라고 딱 잘라 말한다. 살기 위해서, 정말이지 먹고살기 위해서 왔다고 처음 보았던 때처럼 투박하면서도 날카로운 어투로 내뱉는다. 그런 정도로 절박했다면, 그동안 살았던 도시에서 날품으로라도 살 수 있는 길이 있었을 터였다.

"집사람은 충남 서천 태생인디, 평소에넌 바다가 그러코롬 보고 잡다고 허던 사람이지라. 근디 이곳에 인자 터 잡고 살라고 남편 고향인 여그 바닷가로 내리온다고 헌게, 자기넌 몸땡이에다 동아줄 칭칭 감고 안산(경기도)에 주질러앉아 있을랑게, 갈라면 혼자서 가라고 그럽디다. 그리서 짐메 가지 챙기 갖곤, 그 질로 나섰지라. 지 등 뒤에다 대고 그러면 갈라섭시다, 허먼서 하이고, 막 악다구니를 퍼붓데요. 들은 체 만 체 허고넌 아그덜 데불고 주차장을 막 나설라고 허는디, 치맛바람 날리면서 차 앞얼 막드라고요. 항꾸네 왔지요. 하하하……. 허지만 지금도 쪼매 힘들다 싶으면 뜨고 싶다는 말얼 입에 달고 살어라. 더 잘해 줘야지라."

부모 역시 등 토닥이며 어이구 내 새끼, 하면서 마음 편히 맞아 주었을 리 없다. 부모님 기대에 따른 생활의 어떤 방편마저도 실재하지 않는다고 여기는 까닭이다. 뻔할 뻔 자로 나락 될 게 분명한 어촌 구석으로 부득불 살겠다고 오는 자식에게 냉수 마신 뒤 돌아서게 하고 싶을 따름이었을 것이다.

"빵빵헌 축양 사업인 광어나 전복 양식업을 허는 것도 아니고, 맨 바다에다 지금멘키로 줄 달아 놓고 다시마나 톳 정도 양식허러 온다고 헌게 좋아라 헐 리 만무허지라. 한동안은 쳐다보도 않고 말도 건네지럴 않습디다. 딱 하나, 손자 손녀 붙잡고 모실(마실) 댕기는 거 빼고년……. 지금언 이해헌다고, 인자넌 잘 생각헸다고, 그러시기년 허믄서도 속마음까정언 풀어지지 안 헌 모냥이어라. 지럴 보넌 눈빛이 그리 따땃허지만은 안 허기도 허고, 어느 때넌, 안쓰럽게 쳐다보기도 허고……."

며느리 또한 곱게 보일 리 만무했으리라. '지 남자 뜻 꺾덜 못허고' 어처구니없게 함께 따라나선 며느리가 얼마나 미웠던지, 처음엔 부엌에도 드나들지 못하게 하더란다. 그래서일까, 그는 알찬 터전 일구려 더욱 맹렬히 달려드는 모습이었다. 딴은 그의 말마따나 '여그서 사는 것 자체를' 생태적인 삶의 모습으로 규정한다면, 열심히 사는 품새가 바로 친환경적인 숨 쉼일 것이라 여겨지기도 한다. 주어진 대로 여기서 그냥 살아온 부모님 세대들이 스스로 생태적으로 살아왔음을 인식 못하듯, 굳이 인식할 요량 갖지 않더라도 자연을 거스르지 않고 살려는 태도는 애초부터 그의 내부에 전래되어 있는 듯했다.

"다시마나 톳만 갖고년, 아무래도 수매 값으 진폭이 심혀 나서 어려워라. 가격 높을 때야 좋지만, 작년맹이로 수매 금 뚝 떨어져 불먼 타격이 아주 크제라. 그리서 지넌 장흥에서 짭짤허게 수입 올리고 있넌 매생이 생산에 관심을 갖고 있지라. 특히 청정 해역에서만 나넌 가사리, 세미, 너푸 (모두 바위에 붙어 사는 해초류로 현지어임) 등속이 우리 지역에서마저 사라져 가고 있는디 이

걸 다시 살릴라고 헙니다. 청정 해역 유지럴 위해서 주민들과 공동 사업을 모색하고 있지라. 거그다 소득 증대에 일조허는 청각 양식도 허고, 또 그걸 직거래 방식으로 유통하는 것과 과잉 생산을 방지하는 것에도 노력을 기울일라고 허제라. 쉽젠 않을 것이제만, 양식별 작목반을 서둘러 맹글 생각이지라."

그의 속내가 솔솔 엿보인다. 조금 즐거워진다. 농어촌에 젊은 이들이 살아야 할 진면목을 들여다보게 해 주니 고맙지 않을 수 없다. 쉽지 않으리라. 젊은 그가 생각하는 여러 가지 사업이 결코 만만하지 않을 것이다. 하지만 청정 해역을 유지하고자 노력하고 더불어 생산자와 소비자 사이의 소통을 중요시하는 그의 작업이 참으로 고무적이다. 물론 그 역시 어렵다는 걸 숨기지 않는다. 농어촌의 변화 속도가, 피폐화를 요구하는 파고가 너무 드센 걸 인식하고 있다. 그런 상황 속에서 실행해 보겠다는 의지가 참 각단졌다.

"육칠십 자신 노인 분들이 태반이지라. 그 냥반들과 이런저런 사업을 항꾸네 해내기가 쉽덜 않어라. 거그다 지역 경제의 중심인 축양 사업 부분에서넌, 민물고기에서 발암 물질이 나왔다문서 안 묵더니, 그 여파가 바닷고기에까장 와 부러 논께 더 어려워졌지라. 이런 속에서 지 생각얼 안직은 드러낼 수가 없구만이라."

농어촌 어디건 어렵다. 농촌 경제는 더 그렇다. 농촌 공동체가 공동화空洞化될 날이 멀지 않았다. 어촌 또한 바로 그 지점에 놓여 있다. 특히 이곳의 경제 중심에는 광어와 전복 등 대규모 양식업이 정점에 놓여 있다. 중국산이 들어와 가격이 뚝 떨어지고, 전반적인 경기 하락의 여파로 바닷고기의 소비가 감소하여 어려움을 겪고 있는 실정이다. 그럼에도 그는 농촌에 비해 어촌은 경쟁력이 있다고 주장한다. 바닷고기 양식업은 지금 이런 현상이 지나가면 앞으로 괜찮을 것이라 진단한다. 선호도가 매우 높기 때문이란다. 또한 자신이 하는 해조류 양식업 역시 떼돈을 벌 수는 없지만, 그렇다고 풍파에 크게 흔들리지도 않는 품목이란다. 특히 웰빙 바람으로 해조류에 대한 소비가 촉발되고 있는 상황이다. 부정적이지 않다고 믿는다. 물론 그는 희망적인 표현을 삼갔다. 어려운 현실 속에서 그 파고의 높이를 깨고 나아가야 할 험난함을 스스로 포용한 자의 모습일 뿐이다. 틈새는 언제고 어디에고 있다며 속내를 다부지게 고양시키는 모습이었다. 낙관적인 태도로 느껴졌다.

"지가 개인적으로 혈라넌 수익 사업은 민박하고 횟집(조개 구이 집)인디, 신지대교(완도와 신지도를 잇는 다리) 개통되고 관광객덜 몰리먼 쏠쏠헐 거라는 생각이거든이라. 민박은 좀 낡긴 했지만 우리 집얼 개조혀서 혀 볼까 허지라. 낚시꾼들만 대상으로 혀서 민박집을 운영헐라고 합니다. 좀 특화되어야 헌다고 보는 것이지라. 그분들헌티 이곳 바다에 대히서 조언허고, 지 낚싯배에 승선시켜서 바구리 그득이넌 몰라도 반 이상언 채워 가도록 허면, 당연지사 앞으로도 지 집으로 찾아들게 되겄지라. 조개 구이 집은 우신에 자본이 없응게, 동네 빈터에다 포장마차 식으로다 시작헐 요량이지라. 지 손으로 잡은 자연산, 금방 캐 온 패류, 거그에다 청정 해역에서만 채취허넌 매생이며 가사리국, 세미국, 너풋국 등등 제공허믄서 허면, 타지에서 직장 생활헐 때보다 맘도 편하고 수입도 자동으로 창출될 것이라 생각허느만요."

소박하다. 괜스레 내가 고맙다. 그래서 나는 고개를 주억거린다. 농어촌에서 손쉽게 부자가 될 수 있는 경우의 수란 극히 드물다는 걸 익히 알면서도 그를 별쭝맞은 사람으로 인식한 나의 생각 부족이 부끄럽다. 그럼에도, 화가 치민다. '돌아오는 농어촌, 복지 농어촌, 소득 증대 보장되는 농어촌'을 부르짖는 농어업 정책의 허구성이 입증된 게 어제오늘이 아니기 때문이다. 그의 소박한 꿈마저 가녀린 희망 사항에 그칠지 모른다는 아픔 때문에 속이 끓는다. 그런데도 그는 다부지게 전망에 대해 이야기한다.

어떤 정체政體 하에서건 끊임없이 빼앗김의 땅으로만 존속해 온 우리의 농어촌이었고, 앞으로도 결코 나아질 기미를 보여 주지 않는 상황 속에서도 그는 살 수 있다는 희망을 말하고 있다. 바다 살리고 마을 살리는 일에 나서겠다는 것이다. 그게 고맙고, 부당하고, 서글프다.

이쯤에서 나는 그에게 내가 끌려가고 있다는 걸 느낀다. 내가 그를 만난 의도는, 더 이상 밑으로 내려갈 수 없는 바닥으로 내팽개쳐진 농어촌의 현실 속으로 진입한 청년의 속내엔 대저 무엇이 담겨 있는가를 들여다보려는 데 있었다. 그런데 이러한 나의 의도에 앞서 그는, 그냥, 이곳 농어촌에서, 그 지역이 본래적으로 형성하고 있는 삶의 모습으로 세상살이를 일구려는 자연스러운 생활인이라는 평이한 생각이 엄습한 때문이다. 자신의 부인에도 불구하고 생태적 삶을 꾸리고 있는 어촌 태생의 원형질을 여직 지니고 있음을 감지한 연유였다. 일확천금을 벌 수 있는 경우의 수를 허용하지 않는 농어촌이며 또한 여타의 사회적 보장으로부터 소외되어 있는 상황을 번연히 알면서도 고향 땅, 흙과 바다로 온 그의 내면에는 이미 생래적인 삶의 모습이 견지되어 있음을 느껍게 감지했어야 했다. 도시적 사고의 편견이 여지없이 깨지는 과정을 겪는다. 그래 나는 그의 마음의 여파를 더듬으려는 의도를 슬며시 내려놓는다. 낚시광이라 했는데, 낚싯배 부리면서

얽힌 이야깃거리 없느냐고 묻는다.

"낚시꾼들 싣고 선상 낚시 나가먼, 지아무리 꾼들이라 혀도 지보다 손맛을 못 보는 경우가 많지라. 물론 포인트 딱 맞춰 배를 대 주는디도 그러거든이라. 장비야 지 것보다 훨씬 낫고, 그런디도 그래라. 그건 머랄까, 여그 바다에 대혀서 그 사람덜보다 훨씬 친근허고 바다럴 대허는 마음이 좀 더 넉넉허다고 헐까, 머, 그런 까닭이라 여기지라. 가끔 선장인 지가 더 잘 낚는 걸 보고서나 투정심 내보이는 낚시꾼도 없지 않제라. 그럴 때마다 불편한 맘 갖지 않도록 분위기 살리고 고기 낚는 속도를 조절허기도 허지라. 특히 그런 때에넌 지가 잡은 고기를 낚시꾼에게 다 건네면서 아쉬운 맘 쪼금도 없다고 하면 거짓말이제라."

뭍에서 온 낚시꾼들 싣고 바다에 나가 많이 낚으시라 안내하는 뱃사공의 위치에 앞서, 그가 낚시를 참으로 즐기는 꾼임을 깨닫게 한다. 낚싯대 낭창낭창 휘어지는 손맛 만만치 않았을 감성돔이며 농어, 도다리, 갯장어 등속을 자신의 낚싯배 손님들에게 건네며, 품 안에 든 맛난 음식 내주듯 얼마간 서운한 마음까지 없다고 한다면 중늙은이였을 게다. 그래, 참, 꾸밈없는 사람이구나, 하는 느낌을 갖게 한다. 내가 지금 일하고 있는 중학교 우리 아이들도 참 맑고 곱다. 자연은 이처럼 곱고 맑게 사람을 키운다. 중고등학생 때의 모습이 궁금했다.

"바다 일이 징혀서 고등학교넌 완도에서 다니기 싫었제라. 공부도 쪼매 혔고 해서넌 광주로 고등학교를 갔지요. 원래부터 대학얼 꿈꿀 수 있는 형편이 아니어서 공과계 실업학교로 진학했지라. 여그 중학교서 광주로 진학할 정도면 공부는 그리 안 빠지넌 축에 들었지라. 아부지랑 허넌 바다 일이 진짜 죽고 싶을 만큼 싫드라고요. 어쩔 것입니까? 자식이 광주로 간다고 허는디. 힘들지만 자식 앞날을 위해서라도 보내야지요. 바다 일 허기 싫어서였지만, 그렇다고 지 속으로넌 그게 전부는 아니었지라. 친구덜언 광주로 진학 못히서 안달이었던 때라, 비록 실업계로 갔지만 대학 진학에 대한 속마음까지도 내려놓은 건 아니었어라."

그동안 살아온 내력이라 한들 얼마나 깊은 구렁 속이었을까만, 돌이켜 보면 지난하지 않은 삶이란 없는 법이어늘, 그는 덤덤하게 말길을 풀어 놓는다.

"무엇보다 공장에 취직혀야 허넌 과정이 앞에 딱 놓였을 때, 대학에 간다고 죽어라 공부허넌 친구들이 참말로 부럽더라고요. 그럼에도 포기하는 법 또한 일찍 익혀 온 터라, 졸업과 동시에 안산에 있넌 금속 회사에 취업을 했지라. 그러다 영장 나왔길래 군대 갈 생각을 허고 있던 참에, 큰형님이 병역 특례 회사 3년 근무허먼 병역 면제도 되고, 사회생활을 계속할 수 있다고 권유허더라고요. 그래서 같은 안산에 있넌 ○○정밀화학에 입사하게 되었지라. 군 생활보다야 덜 힘들었겠지만, 정신적으로넌 꽤 피곤한 생활이었지라. 퇴사허먼 군대로 기냥 끌려가야 혔으니까요."

이 대목에서 이남오 선장은 멈칫한다. 아직은 그리 길지 않게 살아온 지난 세월을 되돌아보는 듯했다. 바다 저쪽, 딱히 어디라고 지목할 수 없는 어느 한 곳을 한참 응시한다. 회한에 빠진 눈빛이다. 얼마가 지난 뒤, 말을 잇는다. 아마 세상이 자신에게 건넨 이런저런 쓴맛 가운데, 아주 지독하게 자신을 옭아매었던 좌절감을 뼛속 깊이 떠올린 듯싶다. 혹은 90년대 초반, 포스트모던 시대의 문턱에 막 돌입하게 되어 좌표와 깃발마저 저 어둠 속으로 침몰하던 시대적 혼돈에 기인한 회억일까?
 "대학 진학언, 돌이켜 보면 삶에 대한 강한 애정, 혹은 넘들헌티 뒤지고 싶지 않은 나르시스적 발로라고 여기제라. 생각혀 보면 그렇다는 것이제라. 대학 졸업장이 지금에 와서넌 별다른 으미가 있다고 보들 않기 땜시 더 그렇지만요. 아무튼 병역 특례 기간이 끝날 무렵, 회사에 요청해서 주간 근무만 허고넌 야간 대학엘 들어갔지라. 대학에 가서넌 참말 적극적으로 살았지라. 과대표도 허믄서요. 말허자면 리더십도 길르고 학우덜 만나고 교수님과의 친분 관계도 두텁게 쌓고 그랬지요. 과대표로 여러 가지 학교 행사를 추진하고 진행허면서 자신감도 더욱 생기고 그러더라고요. …… 총학실에 기웃거리고 싶은 마음이야 내면 저 깊은 곳에서는 일기도 혔지만, 지넌 그게 사치라는 생각이 강하게 들어서 가까이 가딜 못혔지요, 그 당시에넌."
 현재 그가 지닌 가치 기준에서 대학은 그리 큰 의미를 갖지 않는 듯싶다. 하지만 이십대 초반의 청년에게 대학은 전 존재의 이유였을 수 있음을 왜 모르랴. 앞서서 깨달음 갖기 어려운 것이 뭇사람의 삶이지만, 전 생애를 걸 만큼 중요한 덕목이 아니라는 걸 먼저 눈치챌 수 있었다면, 지금 이 시간, 얼마나 많은 청소년과 젊은이들이 세상을 새롭게 살 수 있을 것인가를 가늠해 본다.

"실패요? 실패 안 혔으면, 시방 지가 여그에 있지 않제라. 실패가 지럴 비켜 가지 않은 것에 지넌 지금 고마움을 표하고 있어라. 오늘 여그 이 자리에 있게끔 만든 동력이었기 땀시 고마운 것이지라. 병역 특례 마치고 대학 졸업 후에 회사에서 나왔지라. 그동안 모아 놓은 몇 푼 안 되는 자금력을 바탕으로 몸으로 뛰면 그래도 괜찮을 것 같은 업종을 차려 독립을 혔지요. 그때넌 머시던 허먼 될 것 같은 자신감이 생깁디다. 물론 넘들에 비허먼 실패라고 헐 것까장도 없넌 쬐끄만 일얼 꾸렸넌디 그만 망해 묵어 부렀지요. 인력으로넌 어찌코롬 헐 수 없넌 국가적인 문제인 IMF를 직격탄으로 맞아 꺼꾸러졌어라. 허지만 그걸 통해서 지넌 세상 살아가는 진정성에 대허서 알게 되고 그랬지라. 이러코롬 사는 게 아니라는 각성을 지헌티 준 게 바로 실패였지라. 말허자면 실패넌 지 스승인 것이지라."

아직 갈 길 먼 그가 '실패넌 지 스승'이라 표현하는 것에 동의하고 싶지 않다. 물론 지난 세월을 반추하는 마음의 표출이라는 걸 안다. 덧붙여 앞으로 또 어떤 난관이 기다리고 있을지 모르는 연유만으로 고개를 끄덕이지 않는 건 결코 아니다. 그는 어렸을 적부터 지금까지 주어진 굴레 안에서 혹은 사서까지 고생스런 삶을 살았다. 그런 그가 이제는 자신의 자리, 현재의 삶에 대해 참으로 즐거워하고 행복해하는 모습을 내비친다. 그의 모습에 대한 나의 부러움이 시샘으로 드러난 것인지도 모르겠다. 그의 나이쯤이었을 무렵 내 자신을 되돌아보면, 그때 나는 사상적 거처 하나 누추하나마 마련 못하고 풍파에 흔들리며 누항에서 헤매고 있던 시절이었던지라 더욱 그렇다.

이제 '알 것 같다'는 느낌을 가진 지는 벌써 지났다. '만나기 결코 쉽지 않은 청년'임을 척하면 삼천리 같은 혜안으로 판단했어야 할 나의 내공의 부재함을 전제하더라도, 저토록 단단하고 옹골차다면 세상 한파 몰아치고 너울 이처럼 드센들 깨부수고 전진할 수 있는 힘이 넘친다는 판단만은 유보하고 싶지 않은 터이다. 그럼에도 마지막 확인을 거르지 않는다. 직업 탓이다.

"오늘의 현실로 볼 때, 먹고사는 문제에 있어 절대적 빈곤은 인자 많이 사라졌다고 지넌 봅니다. 입에 풀칠허고 사는 문제보다넌 어찌코롬 사느냐 허는 문제가 더 중요허다고 보거든요. 그리서 지넌 우리 애덜이 아직 어리기넌 허지만, 이곳 바다와 더불어 항꾸네 숨 쉴 수 있는 마음 갖고 크도록 갈칠라고 헙니다. 도시처럼 학교 끝나먼 학원도 몇 군데나 댕기고 집에 와서는 또 밤늦게까장 책상머리 앉아서 죽어라 공부만 허는 그런 공부벌레 만들고 싶지 않어라. 여그서 이처럼 지 아부지 어무니 사는 모양새 보문서 지 나름으로 시상 만나고, 그 질로 자신으 생각 굳게 다지면서 살아가는 인간이 되도록 키울 생각이지라."

입이 딱 닫힌다. 교육 문제에 관해선 한 생각 갖고 있다고 여기는 나 역시, 지금도 아이들에게 무엇을 가르치고 어떤 모습으로 만나야 하는가를 고민하고 있으며, 아이들이 바르게 살아갈 수 있도록 하기 위해 학교 교육이 어떻게 자리매김해야 할까 애태우고 있다. 이에 비해 이남오 선장은 자녀 교육에 관해서마저 나름대로 확고한 믿음이 서 있어 보인다. 그처럼 살아갈 수 있도록 하기 위해서 자신의 자녀들에게 어떤 구체적인 교육 방법을 택하고 있으며 지도 계획은 어떠한가 하는 따위의, 철저히 학교 교육적 관점에 의한 의문은 이 지점에서 중요하지 않다. 이남오 선장의 굵은 팔뚝을 보면서 내 자신이 왜소해지는 느낌을 떨칠 수가 없다.

"지 낚싯배 탔던 사람들헌티 지년 요즘으 조황얼 이메일로 알려 주곤 헙니다. 말허자면 고객 관리지라. 거으 대부분으 낚시꾼들이 아주 좋아라 하지라. 언지 가야 쓰겄넌디 짬이 안 난다고도 허고, 요즘 경기가 죽 쑤는 판이라서 영 못 가겄다고 육자배기 내뱉으면서 푸념허기도 허고 그러지요. 어쨌거나 지년 여그로 낚시 올라치면, 지 배를 한 번 탔던 사람언 반드시 다시 타도록 멩

급니다. 낚싯배 운영으 철칙이 머시냐먼, 절대 빈 바구리로 돌아가도록 허지 않는다는 것이지라. 첨에 말했다시피 지가 낚시광이거든요. 그래서 이곳 바다 속은 지도 들여다보디끼 훤합니다. 이 여, 저 여, 다 알지라. 물때만 맞춰 나가면 빈 구럭으로 돌아오는 법은 없어라."

 자신이 꾸렸던 직종이 영업과 인력 관리 분야인 까닭에 사람과의 관계에 대해서는 철저하게 배려한단다. 참으로 야무진 직업의식을 엿볼 수 있다. 이런 배려가 이곳에서는 아주 귀한 직업적 인식이 아닐 수 없다. 조금만 관심을 기울여도 감동해서 다시 찾아올 수 있을 텐데도, 이곳에서는 그런 배려를 갖고 영업하거나 운영하지 않는 경우가 왕왕 있으니까. 끈끈하고 정겨운 어촌 사람의 인정은 쉽사리 느낄 수 있으되 투박한 편이다.

 바람이 점점 더 거세게 분다. 이남오 선장은 더욱 거칠어진 바람에도 아랑곳하지 않고 하던 일을 계속한다. 이골이 난 손놀림이다. 작은 배의 이물과 고물을 부리나케 오가며 너울에 몸을 실은 듯 유연하게 몸을 움직인다. 바다 일에 짧은 이력을 지니고 있지만, 바다를 대하는 숙연함과 자신의 삶의 현장에 대한 충만감이 엿보인다. 보기에 참 좋다. 젊은 그가 세상에 대해 아직은 많이 안다고 말할 수 없다. 아직은 꿈꿀 나이다. 오십 줄에 앉은 나 역시 지금도 꿈꾸고 있음에 비춰 더욱 염결한 꿈을 꿀 나이라고

여긴다. 그럼에도 그의 꿈이 몽환 속의 환상 아닌 것이 빛나 보인다. 혹여 다시 또 다른 어떤 세상으로 옮겨 가 옹골찬 꿈을 펼치려 하더라도, 너울 거센 바다에서 땀 흘리며 굵은 힘줄 곧추세우고 거침없이 바다 일 해내는 지금 그의 모습은, 막아서는 벽이 벽으로 닿지 않을 것이라는 믿음을 갖게 한다.

"바람이 더 쎄지네여. 걷어야겄고만이라. 배에서 내리 갖고 소주 한잔 허먼 쓰겄는디라. 어제 그물 쳐서 잡언 전어 물간에 넣어 둔 게 몇 마리 있응게, 그거에다 소주 한잔 허먼서 남언 이야기는 허게라. 입안도 텁텁허고서리……."

그와 포구에 앉아, 전어 회에다 소주 한잔 나눌 생각에 벌써 침이 돈는다. 그의 작은 배에 몸을 싣고 다시 너울 큰 바다를 쏜살같이 달린다. 포구로, 포구로.

한상준
1955년 전북 고창에서 태어났다. 1994년 《삶, 사회 그리고 문학》지에 〈해리댁의 망제亡祭〉를 발표하면서 작품 활동을 시작했으며, 소설집으로 《오래된 잉태》, 《강진만康津灣》 등이 있다. 현재 전남 광양고등학교 학교장으로 일하고 있다.

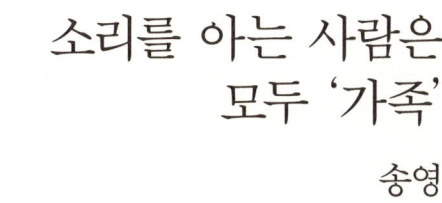

소리를 아는 사람은 모두 '가족'

송영

　신세계백화점 앞 지하상가로 내려가서 그곳 상인을 아무나 붙잡고 '김세환' 씨가 있는 곳을 물으면 금방 그가 지키고 있는 음반 가게로 데려다 준다. 그만큼 이 일대에서 김씨는 잘 알려진 인물이다. 어디 이곳뿐인가? 서울에서 음악을 조금 오래 들어 왔거나 음악 감상-주로 서양 고전 음악-에 대해 취미를 가졌다고 자부하는 사람이라면 그와 친분이 있거나 그의 이름 석 자쯤은 알고 있다.
　그의 직업은 음반 가게 운영이다. 더 정확하게 말하면 음반 중에서도 디지털 음악이라는 CD가 아니고 LP 음반만을 전문으로 취급하는 가게다. 오랫동안 음악 애호가의 사랑을 받아 오던 LP

음반이 한때 CD의 물결에 밀려 잠시 쇠퇴하는가 했으나 요즘은 LP 음반에 대한 수요가 활발하게 되살아나고 있다. LP 음반만이 지닌 따뜻하고 정감 있는 소리를 사람들이 다시 평가하게 된 것이다.

LP 음반 가게 주인이라는 김씨의 직업도 그다지 흔한 것은 아니지만 그의 인상 또한 조금은 특이하다. 사십대 초반인 그는 한국 남자의 평균 신장에 조금 튼튼한 체격을 가졌는데, 다소 우락부락하게 생긴 얼굴에다 턱 밑 수염을 늘 깎지 않고 방치해 둔 탓으로 얼핏 보면 천사의 소리를 사람들에게 전해 주는 음악의 전령사라기보다 거친 뱃사람 같은 인상을 준다. 게다가 길게 기른 뒷머리를 애기 주먹만 하게 매듭지어 묶은 헤어스타일이 특이하다. 그가 걸어갈 때 뒤에서 보면 그 꽁지머리가 흡사 시계추처럼 좌우로 흔들리는 걸 볼 수 있는데, 그런 때는 그가 소년이나 이십대 청년이 아닐까 착각하게 된다. 그가 소년의 마음을 지닌 사람이기 때문에 이런 착각이 더 자주 드는지도 모른다.

가게에서 처음 그를 만났을 때 나는 그의 우락부락한 인상과 사람을 쏘아보는 것 같은 큰 눈에 약간 겁을 집어먹었다. 그러나 금방 그의 입가에 번지는 꾸밈없는 미소를 보고 마음을 놓았다. 친밀하고 따뜻한 느낌을 주는 이 웃음이야말로 김세환 씨의 마음을 고스란히 알려 주는 으뜸가는 상표라고 할 수 있다. 그는 누구를 만나건 우선 이 티 없는 웃음으로 그 사람을 대한다.

그의 가게가 자리 잡고 있는 이 지하상가에는 유독 LP 음반만 취급하는 가게들이 참 많이 모여 있다. 전국에서도 LP 음반만 따지면 가장 큰 거래소일 것이다. 여기선 어디를 둘러봐도 그 흔한 CD는 한 장도 구경할 수가 없다. 이곳은 LP 음반을 선호하는 사람들이 찾는 곳이고 그들은 자기들이 음악의 진정한 기쁨과 소리다운 소리를 알고 있다고 자부하는 사람들이다. 그런데 이곳에 음반 가게들이 많이 있으나 김씨의 가게는 다른 곳과 조금 다르다. 주인 김씨가 지닌, 남들과는 다른 여러 가지 특징 때문이다.

김세환 씨는 음악과 음반 정보에 대해 참 많이 알고 있다. 그거야 음반 가게를 운영하니까 당연하다고 여기겠지만 음반 가게 주인들 모두가 김씨처럼 음악이나 음반 정보에 밝은 것은 아니다. 음악에는 별로 관심이 없으면서도 하나의 생활 수단으로 어찌어찌해서 가게를 열게 된 사람이 뜻밖에 많이 있다. 김세환 씨는 어느 편이냐 하면 그 사람 자신이 누구 못지않은 열렬한 음악 애호가이다. 음악을 너무 좋아하고 듣는 것을 좋아하다 보니까 소년 시절부터 음반 가게 주변을 서성이게 되었고 음반 가게 운영이라는 직업으로까지 발전하게 된 것이다.

사람이 어떤 대상을 좋아하게 되면 그 대상에 관한 지식은 저절로 얻어진다. 꽃을 유난히 좋아하는 사람은 세계의 수많은 꽃들의 이름과 모습과 향기에 대해 많은 지식을 갖게 될 것이다. 자칭 영화광들이 영화의 역사와 유명 감독과 배우들에 관해 엄청난 지식을 뽐내는 걸 우리는 흔히 보아 왔다. 그러므로 김씨가 갖고 있는 음악, 음반에 대한 지식과 정보는 단순히 가게를 운영해서 얻은 지식과는 그 질과 수준이 다를 수밖에 없다. 그는 이 방면의 진정한 전문가인 셈이다.

이 가게를 자주 찾는 어떤 고객은 음반의 소리 품질이나 많은 연주가들의 저마다 다른 연주 특성에 관해 주인 김씨가 자상하고 정확한 설명을 해 주기 때문에 음반을 선택하는 데 큰 도움이 된다고 말한다. 그렇게 느끼는 고객이 그 사람 하나만은 아닐 것이다. 이 가게가 유독 주위의 다른 가게들에 비해 찾아오는 손님이 끊이지 않는 것도 그런 이유 때문이다.

이 가게에 찾아오는 고객들의 직업은 참 가지각색이다. 학생과 군인, 기업체 직원이나 은행원이 있는가 하면 교수나 변호사, 의사 같은 전문직에 종사하는 사람들도 많다. 사진작가나 화가, 문인도 있다. 고객들은 대부분 김세환 씨와 얼굴이 익은 단골들이다. 10년이 넘게 이 가게만 드나드는 사람도 적지 않다. 음반 가게 주인이 음악을 누구보다 좋아하고 또 음반 정보를 많이 알고 있다는 것은 큰 장점이다. 손님 입장에서는 음악에 관심도 흥미도 없고 아는 것도 별로 없는 주인보다 김씨처럼 음악에 대해 많이 아는 주인이 훨씬 믿음이 가고 말을 붙이기가 쉬운 것이다.

이 가게를 찾아오는 고객들은 대개가 음악을 오래 들어 온 사람들인지라 자기 나름의 지식과 정보를 가지고 있긴 하다. 그러나 가령 최근에 야노스 슈타케르(현대 첼로 연주를 대표하는 헝가리 출신 첼리스트)가 바흐의 〈무반주 첼로 모음곡〉 전곡을 연주한 음반이 LP로 나왔는데 녹음 상태-음질 상태-가 어떤지, 그리고 전에 그가 내놓은 음반에 비해 연주가 더 잘된 것인지, 아직 새 음반을 들어 보지 않은 고객은 알 수가 없다. 김씨는 고객의 그런 궁금증을 자상하고 친절하게, 때로는 알기 쉽게 몇 마디 말로 미리 귀띔해 주는 것이다. 음반을 사는 사람들은 대체로 음질이나 연주 상태에 대해 매우 꼼꼼하게 따지기 때문에 주인의 이런 설명은 반드시 필요하다고 볼 수 있다.

손님이 아무리 까다롭게 굴고 많은 것을 물어 와도 김씨는 싫은 기색 없이 성심껏 답변해 준다. 싫기는커녕 사실 손님과 음반 얘기를 할 때가 그가 제일 신바람이 나는 시간이다. 왜냐하면 음반 얘기를 하다 보면 음악 얘기나 연주가 얘기가 절로 따라 나오기 마련이고 이런 소재는 그가 즐겨 하는 대화 소재이기 때문이다.

김씨는 자기 가게를 자주 찾아오는 손님들을 가리켜 '패밀리'라고 말한다. 가족만큼 서로 통하고 가깝다는 뜻이다. 가게 주인이 자기 가게 손님을 '가족'이라고 말하는 사람을 나는 김씨밖에는 본 일이 없다. 이것은 여러 가지 뜻을 담고 있는 매우 중요한 표현이다.

　같은 종교를 가진 사람들은 서로를 형제라고 부른다. 음악을 좋아하고 음악이 사람의 마음과 정서에 미치는 영향을 잘 이해하는 사람들은 서로 대화가 통한다고 말한다. 같은 종교를 가진 것과 같은 취미를 가진 것은 그 성격이 많이 다르지만, 마음과 정신이 서로 쉽게 통할 수 있다는 점에서는 비슷하다고 볼 수 있다. 김씨가 자기 가게에 오는 손님을 '패밀리'라고 말하는 것은 이런 뜻의 표현이다.

　그는 실제로 자주 그 '패밀리'들과 어울린다. 가게 문을 닫은 뒤 근처의 식당이나 대폿집에서 '패밀리'들과 마주 앉아 본격적인 대화의 꽃을 피운다. 술이나 음식이 목적이 아니고 정겨운 대화, 그리고 음악 감상과 관련된 갖가지 생각이나 의견을 교환하는 것이 주된 목적이다. 이런 자리에 참석하는 '패밀리'는 그날그날 바뀌기 마련인데 그들은 모두 그런 자리에 참석하게 된 걸 큰 행운이라고 생각한다. 그만큼 그 시간은 흥겹고 재미있는 시간이기 때문이다. 나도 몇 차례 그 자리에 참석하는 행운을 얻었는데, 열기 가득한 대화에 빠져들다가 시간 가는 걸 깜박 잊어서 하마터면 그날 집에 돌아가지 못할 뻔하기도 했다.

　그런 자리의 화제는 물론 음악이 주류를 이룬다. 그 자리에서 정치 얘기나 돈을 엄청나게 많이 벌었다는 재벌 얘기를 누가 하는 걸 들어 보지 못했다. 요즘 사람들은 셋만 모이면 정치 얘기

아니면 재벌 얘기가 절로 튀어나온다. 사람들 관심이 그쪽에 집중되어 있다는 증거다. 젊은이들이나 청소년에게 물으면 십중팔구는 누구처럼 직위가 높은 인물이 되겠다거나 누구처럼 재벌이 되겠다거나 누구처럼 이름난 배우가 되겠다고 서슴없이 말한다. 그런 사람이 되는 것도 물론 보람 있고 가치 있는 일이기는 하다. 그러나 그것은 누구나 생각하는 일이고 경쟁이 심할 뿐 아니라, 예외가 있겠지만 자기만의 독창적인 삶이나 자기의 설계로 꾸려가는 묘미 있는 삶과는 거리가 있다.

정치 얘기, 재벌 얘기에 관심이 없다고 해서 김세환 씨가 오직 음악과 연주가 얘기에만 빠져 있고 세상 돌아가는 사정을 모른다고 생각하면 이건 큰 오해다. 김씨는 놀라운 독서가이며 사실은 이 점이 내가 그를 남다르게 보는 중요한 이유의 하나다. 그의 가게에 가 보면 언제나 문학이나 미술 등 다른 분야의 흥미로운 신간 서적이 주인 옆자리에 놓여 있다. 내가 보기에 김씨처럼 책을 자주 사는 사람도 흔치 않다고 생각된다. 그는 그림 감상을 좋아하고 시, 소설, 전기 등 많은 문학 관련 서적들을 섭렵해 왔다. 그가 문학 작품이나 문인들의 사정에 대해 많은 것을 알고 있는 걸 보고 나는 내심 무척 놀랐다. 그는 국내 시인 작가들의 작품들을 대강은 꿰고 있고 그것을 평가하는 안목 또한 보통 수준은 훌쩍 넘는다. 그는 관심을 끌 만한 책이 나왔다 하면 화집이건 소설책이건 시간을 끌지 않고 즉시 구입하는 열의를 지니고 있다.

음악을 즐기는 사람들 가운데는 오직 음악만이 세상에서 제일 좋은 것이고 다른 것은 거들떠볼 필요도 없다고 생각하는 사람들이 적지 않다. 또 문학에 취미가 있거나 직접 글을 쓰는 사람들 가운데 문학만이 세상을 보는 유일한 잣대라고 고집하는 '문학지상주의자'들이 더러 있다. 실제로 내 주위에도 그런 사람이 적지 않다. 그들은 자기가 관심을 가진 분야 이외에는 다른 것은 아예 알 필요가 없다고 생각한다. 이것은 외눈으로 세상을 바라

보면서 자신이 보는 모습이 세상의 진짜 모습이라고 고집하는 것과 다르지 않다. 나는 이런 경우, 그가 어릴 때부터 교육을 잘못 받았거나 그에게 마땅한 기회가 주어지지 않았기 때문에 그에게는 아주 불행한 일이라고 생각하고 있다.

누구나 아는 얘기지만 음악 속에는 문학의 여러 요소들이 아주 많이 포함되어 있으며 다양한 음악을 제대로 이해하자면 문학적 소양이나 지식이 반드시 있어야 한다. 시는 음악의 사촌이라고 한다. 좋은 음악을 듣고 느낄 줄 모르면서 좋은 시를 쓴다는 것은 이치에 맞지 않는다. 소설의 세계에도 음악적 분위기와 감성이 늘 숨 쉬고 있는 것을 보게 된다. 내가 우연히 느낀 것인데, 우리나라에서 많이 읽히고 있는 헤르만 헤세의 《데미안》이라는 소설과 멘델스존의 아름다운 피아노 작품인 〈무언가〉는 그 흐름이나 내용이 마치 서로 약속이나 하고 쓴 것처럼 많이 닮아 있다. 물론 헤세보다 멘델스존이 두 세대나 앞선 시대에 살았기 때문에 두 사람은 서로 모르는 사이다. 이 우연의 일치는 문학과 음악이 서로 아주 가까운 이웃이라는 걸 증명하고 있는 셈이다.

그런데 우리 주변에는 한 가지 편식만을 고집하는 사람들이 뜻밖에도 많이 있다. 어쩌다 그런 사람과 마주치면 벽과 마주 선 것처럼 갑갑증을 느끼게 된다. 김세환 씨처럼 음반 가게 운영이 직업인 사람이라면 자칫 '음악만이 최고'라는 편식증에 걸릴 법도 하다. 그러나 그는 눈을 크게 뜨고 세상을 다양한 각도에서 바라볼 줄 아는 사람이다. 당연히 음악이나 연주가에 대한 그의 이해도 폭이 넓고 깊이가 있을 수밖에 없다. 음악이 아무리 아름답고 황홀감을 안겨 준다고 해도 그것은 하늘에서 저절로 울리는 소리가 아니라 사람이 만들어 내고 사람이 연주하는 소리이다. 음악도 결국 우리의 일상생활과 밀접한 관련을 맺고 있다는 말이다.

'저 사람 참 부럽다!' 흔히 이런 말을 하지만 나는 주변에서 내게 진정으로 이런 느낌을 주는 사람을 별로 만나지 못했다. 그런데 김세환 씨를 보면 참 부럽다는 생각이 든다. '겉모습은 소탈하게, 그러나 정신이나 마음, 이른바 내면은 풍부하고 충실하게 채우고 사는 사람.' 참 바람직한 '현대 인간형'이 아닌가. 그는 무슨 직위나 타이틀 같은 것을 갖고 있지 않지만 무엇에도 구애받지 않고 자기 뜻대로 살아가는 '자유인'이다.

김세환 씨가 대학을 나왔는지, 그리고 무슨 학위 같은 것을 가지고 있는지 나는 모른다. 보통 누구를 처음 만나면 우리는 서로가 어느 대학을 나왔고 현재 직위가 무엇이라는 것을 거의 의무적으로 알린다. 그것을 모르면 심지어 상대방이 어떤 사람인지 모른다고 생각하고 그를 어떻게 대해야 하는지 불안감을 느끼기도 한다. 인간의 신분이 학력과 직위로 대변되는 것이다. 그런데 김세환 씨를 여러 차례 만났고 '패밀리'의 모임에도 참석해 오랜 시간 대화를 나누기도 했지만, 그의 학력이나 기타 다른 인적 사항에 대해서는 묻지도 않았고 그럴 필요성도 느끼지 못했다. 그는 자유인이고 예술 애호가이고 '패밀리'에게는 늘 너그러운 사랑을 베풀 줄 아는 음반 가게 주인인 것이다. 그것이면 충분하지 않은가. 만약 세계의 수많은 음악 연주가들의 연주에 대한 평가나 음악 감상담으로 학위를 받는다면 그는 아마 박사 학위 몇 개쯤은 이미 받고도 남았을 것이다.

그는 참 부지런하고 따뜻한 사람이다. 식당에 여럿이 함께 가면 으레 그는 숟가락이나 젓가락을 먼저 집어서 동행인들 앞에 놓아 준다. 작은 일 같지만 그가 주변 사람들을 얼마나 성실하게 대해 주고 배려하는지 그 마음을 읽을 수 있다. 그는 잠시도 우두커니 앉아 시간을 보내는 법이 없다. 가게를 운영하자면 물론 부지런해야 한다. 나는 가끔 약국이나 문방구점 앞을 지나는데 그때마다 가게 안에서 약사나 문방구점 주인이 하는 일도 없이 우두커니 앉아 손님 들어오기만 기다리는 모습을 보노라면 그 사람이 참 딱해 보인다. '아, 저 사람은 얼마나 따분할까? 하루도 아니고 한 달도 아니고 몇 년 몇십 년을 저렇게 누군가 찾아오기만 기다리는 일은 얼마나 답답하고 지루할까?' 이런 생각을 하는 것이다.

김세환 씨는 가게를 하지만 따분하게 앉아 있을 겨를이 없다. 가게 안에는 소형 오디오 시설이 되어 있고 조그만 스피커에서는 계속해서 음악이 흐르고 있다. 그것도 최고의 연주자가 들려주는 가장 아름답고 황홀한 음악이다. 김씨는 방금 새로 들어온 수천 장의 음반들을 분류하고 정리하는 작업을 하기에도 시간이 모자란다. 게다가 끊임없이 걸려 오는 고객들의 문의 전화 -이를테면 요한나 마르치(기품 있는 연주로 이십 세기의 전설이 된 헝가리 출신 여성 바이올리니스트)가 연주한 비흐의 〈바이올린 협주곡〉 음반을 구할 수 있는가.-에 친절하게 응답해야 한다. 아니, 이런 일보다 줄지어 찾아오는 손님들이 사실은 그를 한가하게 놓아두지 않는다.

이렇게 부지런하고 자기 일에 성실한 사람이지만 김씨가 게으름을 피운 일이 하나 있다. 분명 그는 마흔을 넘은 나이인데 아직 독신으로 살고 있다. 왜 아직 결혼을 하시 않았을까? 이 쉽고 간단한 질문조차 나는 아직 그에게 건네지 않았다. 궁금하지 않은 건 아니지만 그것을 묻는 것이 불필요한 일이라고 판단했다. 거기에는 뭔가 그럴듯한 비밀이 감춰져 있을 것이다. 그 비밀을 그가 간직하게 도와주는 것이 '패밀리'의 도리라고 생각했다.

이것도 그가 살아가는 그만의 독특한 방식인지도 모른다. 음악에는 피아노와 바이올린이 듀엣으로 연주하는 형식도 있고 한 악기가 독주로 연주하는 형식도 있다. 어느 쪽이 최선이라고 단정할 근거는 없다. 다만 인간에 대해서나 삶에 대해서나, 혹은 이웃에 대해서나 풍부한 이해와 사랑의 감정으로 살아가는 것이 중요할 뿐이다. 김세환 씨는 자유분방한 소년처럼 무엇에도 구애받지 않고 살아가는 그런 사람이다. 그는 하루도 거르지 않고 가게에 나와서, 음악을 찾아 가게에 들르는 이웃들과 한데 어울려 그가 가장 좋아하는 음악 얘기를 나누고 있다.

송영

1940년 전남 영광에서 태어났다. 1967년 계간 《창작과비평》에 단편 〈투계〉를 발표하면서 등단하였다. 펴낸 책으로는 소설 《선생과 황태자》, 《지붕 위의 사진사》, 《금지된 시간》 등과 동화 《순돌이 이야기》, 성장 소설 《병수》 등이 있다. 서양 고전 음악에 깊은 관심을 가지고 오랜 기간 음악 칼럼을 써 왔으며, 《무언의 로망스》, 《송영의 음악 여행》 등 음악 관련 책을 펴내기도 했다.

햇빛을 보고 그늘을 생각하는, 숯을 닮은 사람

최명란

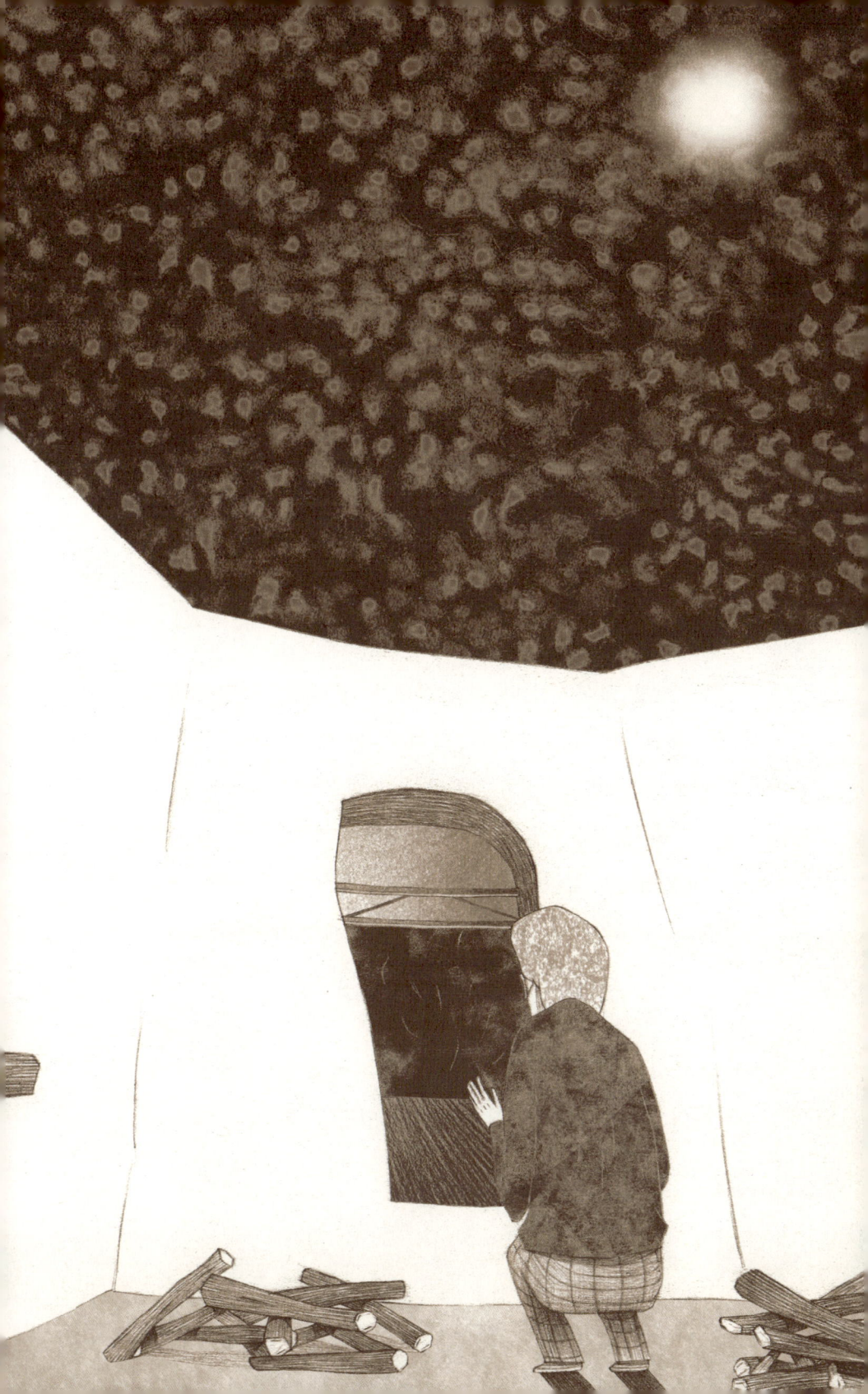

그는 숯을 구우며 산다. 그의 아내가 암 선고를 받은 후부터 그는 날마다 숯 굽는 방법을 연구하기 시작했다. 아내의 병 호전을 위해 숯과 황토를 섞어 작은 집을 지었으며 숯 이불과 숯 베개도 손수 만들었다. 숯과 목초액이 암에 좋다는 것을 알고 어떻게 하든 아내를 살려야겠다는 일념으로 연구를 거듭했다. 매번 실패했으나 포기하지 않았다. 일곱 번의 실패를 거듭하고도 또다시 시도한 끝에 결국 완전한 숯을 구워 내는 방법을 터득할 수 있었다.

숯과 숯을 구울 때 채취하는 목초액을 발효시켜 약으로 쓰면서 아내의 생명을 연장시켰다. 텃밭을 일구어 청정한 야채를 가

꾸어 먹였으며 산천을 헤매며 좋다는 약초는 다 구해 달여 먹였다. 병든 아내를 데리고 8년간이나 병원을 드나들었다. 목욕과 대소변 수발에 단 한 번의 투정도 없었다. 그의 지극한 정성에 하늘도 감동하지 않았을까. 그러나 야속하게도 하늘은 중병을 짊어진 아내를 더 이상 이 세상에 묶어 두지 않았다.

사랑하는 아내가 세상을 떠나고 그의 슬픔은 하늘에 닿았다. 이별이 잠결에 잠시 돌아눕는 작별 같은 것이었다면 헤어짐이 그토록 슬프고 견딜 수 없는 것은 아니었으리라. 그는 눈물을 안으로 삼키며 공동묘지 꼭대기에 아내를 묻었다. 생전에 아내는 앞이 툭 트인 곳을 좋아했다고, 특별히 꽃을 좋아했다고, 죽기 전 마지막으로 간 곳이 흐드러진 꽃밭이었다고, 그는 산꼭대기에 묻은 아내의 묘 앞에 항아리를 마련하여 매일 아침 꽃을 꽂아 주었다. 가뭄 땐 지게로 물을 지고 올라가 묘지를 촉촉하게 적셔 주었으며 햇볕이 너무 뜨거우면 거적으로 묘지를 덮어 주었다. 주변 묘의 잔디들은 다 죽어도 아내의 묘는 파랗게 살아 있었다.

아내가 떠나고도 그는 숯 굽는 일을 그만두지 않았다. 뒷마당에 숯가마를 만들고 나무를 마련해서 숯을 구웠다. 가마에 나무를 앉히고 황토로 잘 밀봉한 다음, 700도의 일정한 온도를 유지시키며 장작불을 지폈다. 그는 정성을 다해 구운 숯을 아픈 이웃들에게도 나눠 주었다. 언제나 자신보다 더 아파하는 사람, 자신보다 더 어려운 사람들에게 눈을 돌렸다. 형제들은 물론 그를 잘 알고 지내는 사람들의 방에는 숯이 가득했다.

집 안으로 숯을 들여오면 제일 먼저 감쪽같이 사라지는 것은 바퀴벌레였다. 또 숯을 담근 물에 목욕을 하면 온천욕 이상의 효과를 낼 수 있었으며 꽃병에 꽃을 꽂을 때도 숯을 넣으면 꽃의 수명이 몇 배로 길어졌다. 탈취, 방습, 항균은 물론 숙면, 스트레스 해소, 전자파 방지, 먼지 제거 등 숯의 효능에 대해서는 예로 다 들기 어려울 정도로 많았다. 밥을 할 때 숯을 넣으면 냄새가 없어지고 밥맛이 더 살아났고 국이나 물을 끓일 때 넣으면 국이나 물이 상하지 않았다. 반찬을 조리할 때 넣으면 냄새나 부패를 막을 수 있었다. 이미 숯의 신비한 효능을 경험한 이웃들이 고마운 마음으로 그에게 김치도 담가 주고 밑반찬도 만들어 주었다. 숯을 받은 사람들이 사례하기를 원하면 그는 "꼭 마음이 그렇다면 콜라 한 병만 사 주이소." 했다.

그는 숯을 구울 때 가장 고요하고 충만했다. 그럴 땐 한 번도 절망으로 주저앉는 모습을 보이지 않았다. 눈으로는 아궁이의 훨훨 타는 불길을 바라보고, 귀로는 나무가 타면서 탁탁 내는 소리를 듣고, 코로는 숯 향을 맡았다. 숯을 구울 때가 그의 마음이 가장 고요해지는 시간이었다.

내가 그를 만난 것은 내 나이 여섯 살 때였다. 그가 내 둘째 언니에게 장가를 왔기 때문이다. 장가를 온 날, 동네 장정들은 마루 천장 서까래에 새신랑의 발목을 묶어 거꾸로 매달고 장작으로 발바닥을 두들겨 팼다. 장정들은 또 고춧가루 탄 물을 새신랑의 코에 부으며 밤이 깊도록 장난을 끝낼 줄 몰랐다. 왁자지껄한 동네 사람들의 웃음 너머로 새신랑은 그들의 장난기를 다 받아 주면서, 한 대 얻어맞을 때마다 "아야! 아야! 여보! 여보! 어서 막걸리 한 말 대령하소." 하고 외치며 안방에 다소곳이 앉아 있는 신부를 불렀다. 신부는 살포시 엷은 미소만 지어 보일 뿐 어떤 대응도 하지 않았다. 어른들 틈에 끼어 광경을 지켜보던 어린 나는 '저러다가 죽는 것이 아닌가.' 눈물을 글썽였다. 첫날밤, 신랑을 거꾸로 매달아 발바닥을 때리는 것은 혈액 순환이 잘 되게 하려는 깊은 뜻이 있었다는 사실은 훗날 내가 어른이 되어서야 알았다. 그는 처가 일을 여러 가지로 도왔으며 어린 동생들을 잘 보살펴 주었다. 동생들도 그의 뒤를 졸졸 따라다니며 좋아했다. 그때부터 나는 몸으로 실천하는 그의 가족 사랑, 형제 사랑, 이웃 사랑을 가까이서 지켜보게 되었다.

그 시절만 해도 자동 탈곡기가 거의 없었으므로 들판에서 여문 벼들의 수확기가 되면 수동으로 탈곡을 했었다. 몇 동네를 합해도 자동 탈곡기 한 대 제대로 찾아보기 힘들 때였다. 사람이 힘껏 밟는 힘으로 돌아가는 탈곡기 위에 두 손으로 볏단을 꽉 쥐고 요리조리 돌리면서 벼의 낟알이 떨어지게 하는 기계가 수동 탈곡기였다. 그것에 비하면 자동 탈곡기는 아주 발전된 기계였다. 경운기 엔진과 연결시킨 탈곡기 옆으로 볏단을 올려놓기만 하면 자동으로 볏단이 지나가면서 벼의 낟알이 떨어졌다. 낟알이 떨어지면 자동으로 가마니에 담겼다.

그때 그는 어렵게 자동 탈곡기를 마련했고 밤낮으로 이웃을 돌아가며 기계를 돌렸다. 추수기라 밤에도 기계를 돌리지 않으면 안 되었기 때문이다. 잠도 뒤로 미루고 이웃에서 이웃으로 그는 쉴 틈 없이 일했다. 거친 기계를 다루는 일이라 몸을 다치기도 했다. 이웃 사람들은 탈곡한 곡식을 그에게 품삯으로 조금씩 주었다. 모두 가난했으나 정성을 다하는 그들의 마음을 그는 결코 거절하지 않았다. 그것으로도 늘 감사하는 마음이었다.

그는 아이들을 무척 사랑했다. 아이들도 그를 무척 따랐다. 그가 우리 동네에 타작을 하러 오는 날이면 아이들은 그의 주변을 맴돌았다. 그는 짚이나 풀잎으로 아이들이 앉아 놀 수 있는 자리를 마련해 주었다. 아이들은 큰 소리로 가동되는 경운기와 탈곡기 소음 속에서 눅눅한 땅기운을 엉덩이로 느끼며 쏟아지는 밤하늘의 별들을 바라보았다. 새벽이 올 때까지 가는 손가락으로 하늘 가득한 별들을 하나 둘 세었다. 놀다가 꾸벅꾸벅 졸다가 또 놀기를 반복하면서도 아이들은 타작마당을 떠날 줄 몰랐다. 깜박 졸다가 목이 바싹 마른 한 아이가 잠결에 물인 줄 알고 벌컥

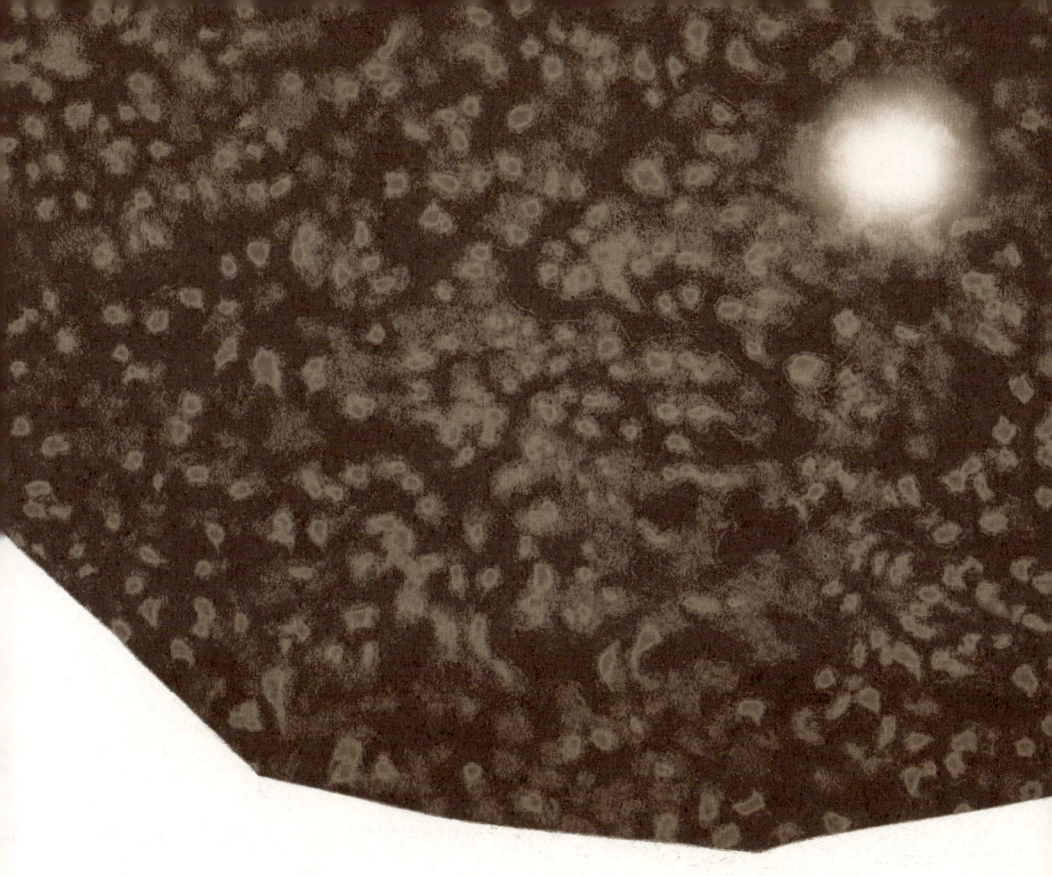

　벌컥 마셔 버린 막걸리에 취해서 다음 날까지 깨어나지 않은 일도 있었다.
　그는 스스로 일군 과수원 과일의 첫물은 꼭 아이들에게 나눠 주었다. 계절이 시작될 때마다 딸기, 오디, 복숭아, 감, 배를 호박잎이나 감잎이나 뽕잎에 곱게 싸서 풀 짐 속에 숨겨 왔다. 그리고 아무도 모르게 꺼내 아이들 코앞에 살짝 내밀면 아이들은 탄성을 질렀다. 먹을 것이 귀했던 그 시절에 얼마나 맛있게 나눠 먹었는지 모른다. 그 아이들은 어른이 되어서도 그 숱한 아름다운 날들의 그를 추억하며 행복감에 젖어 들곤 했다. 그가 그토록 아이들을 사랑한 것은 그의 마음이 맑은 까닭도 있겠지만 자신의 불우했던 어린 시절을 생각했기 때문이다.

청소년기에 그는 절간에서 살았다. 가난은 잠시도 그를 가만두지 않았으므로 절간의 잡일을 도와주고 받은 임금으로 부모 형제까지도 보살펴야 했다. 낮에는 절간 일을 해 주고 밤이면 십리 재를 넘으며 부모님께 나무를 해서 갖다 드렸다. 그는 집안의 크고 작은 일들을 성심껏 돕고 밤늦게 절간으로 돌아와 잠들곤 했다. 한 뼘 폭도 안 되는 오솔길을 어둠 속에서 눈 감고도 다닐 만큼 많이 오르내렸다. 무거운 나뭇짐을 지고 어두운 산길을 가다가 산짐승과 부딪쳤을 때 위기를 모면하는 방법을 스스로 터득했다. 그때만 해도 밤길에 여우, 멧돼지 등 산짐승들이 잘 나타났기 때문이었다. 그중에 여우가 가장 말썽이고 골치였다. 그가 지겟작대기 끝에 붙인 쇠붙이로 지게 이음새 부분의 쇠를 땡땡 치면 여우는 뒷걸음질을 쳤다. 갑자기 눈앞에 나타나서 깜짝 놀라게 하는 여우를 살살 잘 달래서 돌려보내는 재미있는 방법이었다. 그렇게 그는 밤길을 무사히 다니는 방법에 대해 잘 알고 있었다.

그는 공부가 소원이었다. 끼니 해결하기도 어려운 환경 속에서 책가방을 메고 학교를 다닌다는 것은 생각조차 해 볼 수 없는 일이었다. 초등학교 졸업장과 절에서 공부하는 고시생들에게 군불을 때 주고 그 보상으로 공부를 배운 것이 그의 학력의 전부다. 그러나 그는 종일 노동에 시달리면서도 하루하루 공부를 게을리 하지 않았다. 70여 편에 가까운 동서고금의 시와 시조를 암송하고 동서양의 역사, 경제, 지리, 천문, 철학, 음악에 이르기까지 그의 독학은 지금의 박사 학위에 뒤지지 않는다고 생각할 만큼 넓고 깊었다.

이미자, 남인수, 나훈아를 좋아해 그들의 노래를 즐겨 들으며 잘 불렀고, 특히 비틀즈를 좋아해서 한 달 봉급 전부를 레코드 값으로 써 버리기도 했다. 한 달 봉급을 다 바쳐야 레코드 한 장을 살 수 있는 때였다. 뭇 청춘 남녀들이 산에서 들에서 음악을 틀어 놓고 춤추고 노래하는 광경을 멀리서 곁눈질로 바라볼 수밖에 없는 형편이었다. 엄마 곁에서 어리광 부리며 자랄 나이의 청소년기를 그는 그렇게 절간에서 보냈다.

청년기에 그의 첫 직장은 양조장이었다. 그는 술을 배달하는 일을 했다. 비포장도로로 경운기를 털털털 몰고 가면 한 말 크기의 둥그런 술통 술이 절반 정도는 샜다. 그에게는 술이 쏟아지지 않게 경운기를 모는 남다른 기술이 있었다. 그 대신 다른 사람이 몰면 새어 버릴 만큼의 술을 배고픈 사람들에게 나눠 주곤 했다. 풀 짐을 가득 지고 산에서 내려온 사람들이 큰 나무 그늘 아래 잠시 땀을 식히고 있으면 그 옆에 경운기를 세웠다. 그는 한껏 땀을 흘리고 목말라하는 사람들에게 그들이 지고 온 풀 더미 속의 풀대를 꺾어서 술통 마개 틈으로 빨대처럼 집어넣어 술을 빨아 먹게 했다. 모두 배고픈 시절이었다. 그들은 다 마셔 버릴 듯한 기세였지만 다 먹기는커녕 풀대로 술을 빨아 먹기란 한 잔도 채 삼키기 어려운 것이었다. 술 먹은 표시가 안 나게 하는 방법이기도 했고 너무 많이 마시면 대취하거나 몸에도 별로 좋은 일이 아니니 적게 먹도록 하는 방법이기도 했다. 술을 빨대로 빨아 먹으면 그릇에 부어 벌컥벌컥 마시는 양의 절반도 못 마신다고 했다. 동네 사람들은 그런 그를 무척 따르고 좋아했다.

  어른은 물론 아이들은 자신에게 잘 대해 주는 사람을 따른다. 하얀 지붕으로 개조한 그의 경운기가 저 멀리 재를 넘어오면 하굣길 아이들은 길섶에 서서 기다렸다. 초등학생은 물론 중학생들까지 그의 단골손님이었다. 그의 경운기 모양은 특별하여 멀리서도 단번에 알아볼 수 있었다. 마을버스도 없던 시절, 그 작은 다리로 십 리가 넘는 비포장 길을 걸어서 등하교를 하는 아이들에게 그의 경운기는 최고의 교통수단이었다. 그런 아이들이 그의 경운기를 만나는 날은 최고로 운 좋은 날이었다. 탕탕탕탕 경운기가 지나가면 아이들은 눈치를 힐끔힐끔 보면서 경운기의 꽁무니에 바싹 따라붙었다. 그는 말없이 경운기를 세우고 짐칸에 아이들을 가득 싣고는 십 리 안팎의 집까지 하나 둘 배달했다.

그에게도 아들이 셋 있었다. 아들 셋만 봐도 그는 배가 불렀다. 그의 아들 사랑은 각별했다. 그러나 그의 나이 55세 되던 해 사고로 큰아들을 잃었다. 농민 운동을 하던 아들이 집회에 참여하기 위하여 트럭 가득 비품을 싣고 서울로 가던 길이었다. 인적이 드문 지리산 근처에서 트럭이 전복된 채 한나절이 지나서야 행인에 의해 발견된 것이었다. 사고가 날 만한 곳이라고 인정하기 어려운 현장이었다. 심장은 뛰고 있었고 외상도 없었으나 뇌는 죽어 가고 있었다. 산소 호흡기도 없이 인근의 시골 의원 복도에 방치되어 있다가 보호자와 전화 연락이 닿자 그때서야 대학 병원 응급실로 이송되었다. 구급차 안에서도 산소 호흡기가 부착되지 않은 상태였다.

지역에 남아서 지역을 위해 일하겠다고 대도시를 마다하고 굳이 지역의 대학 입학을 고집했던 아들이었다. 대학 생활을 하면서도, 그리고 졸업 후에도 꼭 어려운 일을 자처하고 나섰다. 불우한 환경의 친구들과 주변 사람들을 살피며 이웃의 불행을 자신의 일처럼 나서 돕는 아들이었다. 아들은 그를 많이 닮아 있었다. 그는 언제나 아들의 판단을 믿고 따라 주었으며 묵묵히 지켜보았다. 대열의 선두에 서서 법정과 감옥을 오갔던 아들, 늘 낮은 곳의 이웃을 위해 몸도 마음도 바빴던 아들, 그토록 아름다웠던 아들이 사고라니…….

그때 나이 겨우 29세였다. 그는 급히 응급실로 달려갔으나 아들은 이미 혼수상태였다. 남루한 티셔츠와 얇은 바지와 주머니 속의 빈 지갑 하나 달랑 끼고, 입안에 가득 고이는 검붉은 피만 기계와 연결된 호스로 빠져나가고 있었다. 목숨을 지키기 위해 필사의 노력도 해 보지 않은 것 같은 모습이었다. 절망을 공유하며 견뎌 내지 않으면 안 되는 이들은 오히려 가족들이었다. 결국, 뇌에 산소 공급이 되지 않은 것이 사인이 되었다.

그는 응급실 병상의 아래쪽에서 무릎을 꿇었다. 아들의 발끝 아래 고개를 숙이고 무쇠 솥뚜껑처럼 거칠어진 손으로 죽어 가는 아들의 발등만 쓸어내리고 있었다. 주위에는 형제, 친척, 친구들이 응급실 병상을 지키고 있었으므로 그는 통곡하지 않았다. 형제들 앞에서 그는 차마 울 수가 없었다. 자신이 가장 아프면서도, 자신은 자신 한 사람의 슬픔만 감당하면 되지만 부모 형제는 자신과 자신의 아들, 두 사람의 슬픔을 지켜보며 감당해야 한다고 생각했기 때문이다.

그는 어떤 항변도 하지 않았다. 시끄러워지는 것도 싫었다. 지금 와서 교통사고니 의문사니 해 봤자 내 아들이 살아오는 것도 아닌데 그게 다 무슨 소용인가 싶었다. 아들도 저승에서 그런 시비는 원하지 않을 것이라고 나직하게 말할 뿐이었다. 그렇게 의문사라는 문제 제기 한번 못해 보고 그 일은 교통사고로 처리되어 일단락되고 말았다.

그는 아내와 아들이 그리울 때면 밤하늘을 바라보았다. 사랑은 세상과 떨어진 아득한 곳에서 별처럼 깜빡였다. 눈물을 삼키려 우러러본 하늘엔 별들이 여전히 떨고 있었다.

그 후 그는 아들의 뼛가루를 뿌린 월아산 중턱에 있는 암자를 수리했다. 젊어 한때 절에서 살았고 수없이 절간을 드나들었지만 한 번도 부처님 앞에 절을 해 본 적이 없었다던 그가 절간의 무너진 담장을 쌓고 비가 새는 지붕을 고쳤다. 그리고 하루도 빠짐없이 암자를 오르내리며 부처님 앞에서 손을 모았다. 상처는 지난날의 아름다운 추억까지도 삼켜 버렸다. 삶에 동반하는 고통을 참아 낼 수밖에 없는 까닭은 어쩔 수 없이 살아야 하기 때문이었다.

중년의 시기에 그는 정착할 수 있는 터를 마련하여 집을 지었다. 열심히 일하고 열심히 살아온 결과물이었다. 집터를 마련하고 한 장 한 장 모은 벽돌을 쌓고 슬레이트 지붕을 이었다. 하늘색을 유난히 좋아하는 그는 집이며 담장이며 온통 하늘색 페인트로 칠을 하였다. 담장 아래는 빨간 덩굴장미를 심었다. 꽃을 좋아하는 아내를 위한 배려였다. 장미는 얼기설기 담장을 넘어서도 꽃을 피워 장미 울타리 집이 되었다.

뒷마당에는 축사를 짓고 소와 염소 등 가축도 키우기 시작했다. 소 한 마리가 소 두 마리가 되고 염소 한 마리가 염소 두 마리가 되었다. 송아지를 어미 소가 될 때까지 키워서 쇠전에 내다

팔면 다시 송아지 두 마리를 살 수 있었다. 그렇게 소와 염소는 점점 늘어 갔으므로 시작할 때보다 훨씬 큰 규모의 가축 농장이 되었다. 그때 그에게는 단단한 집 한 채와 제법 많은 농토와 살림을 늘려 주고 가족의 배를 든든히 채워 주는 가축이 있었다.

그러나 정부의 호주산 송아지 수입으로 인하여 축산 농가는 모두 실패로 돌아갔다. 우리나라 역사상 최초의 송아지 수입으로 소 값이 폭락했기 때문이었다. 전경환이 전국새마을중앙회 회장으로 있을 때였다. 그들은 권력을 행사했고 이에 대응하는 여론은 너무 거셌으므로 15개월 후 수입이 중단되고 소 값은 다시 안정세로 돌아섰다. 그나마 밑천이 있었던 농가는 소를 싼값에 팔지 않고 버티다가 15개월 후 본전은 찾았지만, 그는 가격 폭락 이후에도 1년 이상 소를 먹이며 버텼으나 결국 실패하고 말았다.

그의 나이 60세, 이번에는 그가 교통사고를 당했다. 아내가 암투병으로 지쳐 있을 때 그의 사고는 절망이었다. 그때 그는 노란 광주리가 실린 오토바이를 타고 다녔다. 그날도 오토바이를 타고 과수원을 다녀오는 길이었는데 승용차가 뒤에서 들이받아 사고가 났다. 그는 뇌를 크게 다쳤다. 담당 의사의 빠른 판단으로 몇 시간의 대수술 끝에 기적적으로 목숨은 건졌으나 정상적인 상태로 회복이 되지는 않았다. 사람도 제대로 못 알아봤으며 여자면 모두 여보라 부르고 남자면 모두 아들로 부르면서 히죽히죽 웃기만 했다. 뇌 손상을 입어 많은 기억을 잃었고 걸핏하면 손가락 끝으로 방바닥만 밀고 또 밀었다.

　이번에는 그의 끈질긴 투병이 시작되었다. 병원, 한의원, 좋다는 곳은 다 찾아다녔으나 좀처럼 나아질 기미가 없었다. 그 이후 몇 년 만에 그의 병세는 호전을 보였다. 무엇보다도 숯과 목초액이 재활에 극적인 효과를 가져왔다. 그러나 그토록 영민했던 그의 두뇌도 사고가 모든 기억을 뒤엎어 놓고 말았다. 오직 실낱같은 기억만 남았을 뿐 줄줄 외웠던 시도, 꿰뚫어 보았던 역사도 모두 그의 기억에서 사라지고 말았다. 혼돈도 상실도 더 이상 슬프지 않았다. 그다지 멀지 않은 곳에 살아 있는 것 같지만 이미 아득한 곳으로 떠나 버린 사람, 언제나 생각 속엔 있지만 정작은 보이지 않는 사람들만 그리워했으리라.

　이제 인생을 마무리하고 정리해야 할 시기, 지금 그의 나이는 70세이다. 여전히 숯을 굽고 이웃에게 봉사하는 삶을 살아간다. 젊고 건강할 때처럼 체력이 따라 주지 않기에 많은 일을 해내지는 못한다. 우리가 기다리는 건 세월이 아니라 사랑이라는 걸 그는 잘 알고 있다. 오늘도 몸소 실천하는 사랑으로 부모, 형제, 이웃을 섬기며 산다. 곡진했던 삶을 뒤로하고 현실을 있는 그대로 받아들이며 홀로 살아가고 있다. 그가 정작 바라는 것은 오히려 아무것도 바라지 않는 것이었다. 오늘도 아무것도 바라지 않는

하루가 정작 아무 일 없이 지나는 하루였다.

그늘을 보고 햇빛을 생각할 줄 아는 사람.
햇빛을 보고 그늘을 생각할 줄 아는 사람.
그는 정녕 숯을 닮은 사람이다.
자신을 장렬히 불태워 사람에게는 명약이 되는
저 거룩한 숯!

최명란
1963년 경남 진주에서 태어났다. 2005년 《조선일보》 신춘문예에 동시가, 2006년 《문화일보》 신춘문예에 시가 당선되어 등단했다. 펴낸 책으로는 동시집 《수박씨》, 《하늘 天 따 地》, 시집 《쓰러지는 법을 배운다》 등이 있다.

자신을 발견한 것이
너무 기뻐 멈출 수 없다

복효근

그러니까 그녀가 서른네 살이 되던 해 6월이니까 정확히 10년 전의 일이다.

지방 신문사 카피라이터였던 그녀가 컴퓨터 그래픽을 배운 지 2년이 지난 어느 날 신문사에 취직을 했다. 열악한 지방 신문사답게 직원이라곤 사장과 기자 겸 부장, 그리고 그녀, 이렇게 달랑 셋. 신문은 일주일에 한 번 나오는데 사장은 좀처럼 얼굴 한 번 보기도 힘들고 부장 역시 신문 편집하는 날만, 그러니까 일주일에 두어 번 나오면 그만이었다. 심심하고 재미없게 그렇게 1년여가 지나고 있던 어느 날, 신문사 사무실에 생활 체육 지도자 한 분이 와서는 그녀에게 무료하게 지내지 말고 댄스 스포츠를 한

번 해 보면 어떠냐는 권유를 한다. 마침 그녀가 근무하는 신문사 사장은 생활체육회 회장이고 그 생활체육회 사무실은 바로 신문사 옆 사무실이었다.

댄스 스포츠? 어디서 들어 본 것 같기도 했다.

"지금 대학이나 스포츠 센터, 시군구 자치 센터에 붐이 일어나고 있어요. 건강에 만점, 윤미선 씨처럼 활동 안 해서 살찌고 둔해지는 사람들 비만 관리에 만점이라니까요."

학원이 꽉 차도록 사람이 모여 있었다. 한 서른 명가량. 쑥스럽기도 하고 어색해서 맨 뒷줄에 섰다. 강사는 차차차와 자이브 기초를 3개월 동안 가르칠 거라 했다.

강습이 시작되었다. 룸바의 큐반록부터.

"일단 힙(골반)을 옆으로 보내시구요. 그 다음 뒤로 반원을 그리세요."

세상에 태어나서 힙을 뒤로 보내란 소린 거기서 처음으로 들어 봤다. '힙이야 그냥 오른쪽 왼쪽으로 왔다 갔다 하면 되지 무슨 뒤다냐?' 그러나 강사는 정말 그 맵시 있는 힙으로 오른쪼옥~, 그리고 뒤쪽, 반원을 그리다 왼쪼옥~, 세상에, 너무 예쁜 것이 아닌가! 그녀는 따라 할 생각도 못하고 쳐다만 보고 있었다. 강사는 배워야 할 기본 동작 차차차와 자이브를 파트너도 없이 선보였다. 얼마나 멋지던지! 내가 왜 이런 춤이 있다는 걸 여태 몰랐을까, 그녀는 순간 '필'이 꽂히는 것이었다.

'바로 이거야!'

신문사로 돌아왔다. 사무실은 필요 이상으로 컸다. 일단 밖에서 보이지 않을 구석진 자리를 찾아서 거울을 걸었다. 그리고 그 후, 새로운 습관이 생기고 있었다. 아무도 없는 곳이면 차차차 워킹을, 거울만 보면 화장실이든 화장대 앞이든 골반 돌리기를 연습했다. 그러던 어느 날, 정말 신기했다. 언젠가부터 방법을 터득한 것이다. 모양은 엉성하지만 정확하게 어떤 원리인지 알게 된 것이다. 그녀의 골반이 지금 뒤쪽으로 향하는지 옆쪽으로 가는지 느낌이 온 것이다. 그래, 안 되는 것은 없구나! 원리를 터득하는 데만 한 달이 더 걸렸다. 제대로 하게 된 것은 6개월이 지난 후였지만…….

무언가를 익히고 알아 가는 기쁨을 처음으로 맛본 그녀는 이미 춤에 푹 빠져 있었다. 춤이라고는 초등학교 때 춰 본 포크 댄스가 전부였던 그녀. 기쁨과 두려움이 한꺼번에 밀려와서 머리가 복잡했다. 큐반록 하나의 완성으로 이토록 기쁜데, 그 시점에 왜 결혼 당시 그녀의 큰오빠가 했던 말이 생각나는지…….

"내가 우리 선생님 집에 처음 가서 선생님 사모님을 봤는데, 나도 나중에 커서 꼭 저런 여자랑 결혼해야지 하고 생각했다. 너도 니 남편한테 남편 제자들이 찾아왔을 때 그런 아내가 되어야 한다."

현모양처로 조신하게 살림 잘 하고 있어야 할 그녀가 춤이라니, 그것도 격렬한 라틴 댄스라니, 가족들이 알면 과연 뭐라고 할지……. 당시 컴퓨터 그래픽 자격증 시험을 준비하고 있던 그녀는 그래픽 공부와 그토록 즐겼던 뜨개질을 중단해야 했다. 춤에 미쳐서.

3개월은 정말 빨리 가 버렸다. 이제는 학원으로 가야 한다. 한 달에 30만 원이란다. 단체 레슨은 일주일에 두 시간 하고 6만 원 내란다. 돈을 내고 학원에 다니려면 일단 남편한테 알려야 한다. 어떻게? 뭐라고? 말도 안 된다고 할 게 뻔하다. 두려웠다. 과연 뭐라고 할지……. 그러나 이미 그녀의 머릿속엔 춤밖에 없다. 하나님, 부처님, 어떡해야 하는지요?

그동안 받았던 강습은 솔로로도 출 수 있는 룸바의 큐반록 동작, 베이직 무브먼트, 차차차의 베이직 무브먼트, 슬립샷세, 힙트위스트, 론데, 그리고 쓰리차차차. 무료 강습이 끝날 무렵엔 반복 동작으로 음악 한 곡에 땀이 온몸을 적셨다.

이젠 솔로를 벗어나 커플 댄스를 배워야 한단다. 원장은 바로 중고생 여자 한 팀, 또 다른 남녀 커플 한 팀을 시켜 차차차와 자이브 시범을 보여 주었다. 감동이 밀려왔다. 어쩌면 저렇게 발랄하고 멋질 수 있는지! 라틴 댄스를 본 적도 들은 적도 없던 그녀는 그때서야 라틴 댄스가 커플 댄스라는 사실을 알았다.

그렇지만 은근히 걱정이 되기 시작했다. 집에서 어떤 반응을 보일지. 격렬한 라틴 댄스를 배운다는 것도 이해하려 들지 않을 텐데, 남녀 커플 댄스라면 뭐라고 할까. 그녀는 나름대로 변명을 생각해 냈다. 우리가 배우는 곳엔 남자는 한 명도 없어. 사실이 그랬다. '그래, 결심했어. 댄스를 계속할 거야. 왜냐면? 좋으니까.' 며칠을 고민하다가 혼자만의 결론을 내렸다.

남편이 가장 좋아하는 '스페셜 김치찌개'를 보글보글 끓이고 좋아하는 '쐬주'도 한잔 곁들여 조심스럽게 말을 꺼냈다.

"당신, 혹시 댄스 스포츠에 대해서 알아?"

"아, 그거? 응."

그녀는 놀란다. 이 얼마나 반가운 소리인가.

"그런데 그건 왜?"

아, 이 시점에 말하기를 정말 잘했다 싶어 그녀는 얼른 대답한다.

"응, 나 있지, 그거 한번 배워 볼까 해서……."

남편 눈이 휘둥그레진다.

"미쳤군."

미쳤다고 할 땐 이미 설득할 수 없다는 뜻이다. 그러나 쥐도 쫓기다 궁지에 몰리면 대범해진다더라. 그녀는 목소리에 힘을 주어 또박또박 말했다.

"당신이 미쳤다 해도 어쩔 수 없어요. 지금까지 당신 말을 거

역해 본 적 없지만 이것만은 꼭 하고 싶어요."

침묵.

"이미 하고 있었어요. 3개월 동안."

또 침묵.

깍듯이 존댓말이 나온다. 심각해지거나 화가 나면 나오는 존댓말에 어이가 없는지 남편은 말이 없다. 등 뒤에 대고 그녀는 다시 한 번 쐐기를 박았다.

"죽어도 할 거니까 말릴 생각 마요. 대신 내가 가정에 소홀히 하는 모습 조금이라도 보이면 말해요. 당장 그만둘 테니까요."

그녀 자신도 놀라웠다. 내가 감히 이렇게 선전포고를 할 수 있다니…….

남편도 놀랐는지 한숨만 내쉬었다. '야호!' 일단 노발대발 안 한 것으로 그녀는 족하다. 허락은 애당초 기대도 안 했기에. 그렇게 말이라도 꺼내고 나니 '임금님 귀는 당나귀 귀'라고 외친 만큼이나 그녀의 속이 후련했다.

부정도 긍정도 아닌 침묵만 지키고 있는 남편, 물론 그 뜻이 부정인 줄 그녀는 잘 안다. 그러나 그녀는 꿋꿋하게 나아갔다. 일주일에 두 시간의 수업이 왜 그리도 갈증 나는지……. 생전 해 보지 않았던 카운트들, 투 쓰리 차차차~, 투 쓰리 포 원, 원 투 쓰리 앤 포, 이런 카운트들이 차츰차츰 익숙해져 갔다.

그러나 남편은 냉담한 반응으로 일관했다. 하지만 그 반대 속에서도 그녀가 일생일대에 발견한 삶의 기쁨과 성취감을 포기할 순 없었다. 그 어느 때보다 시간을 쪼개어 썼으며 가정은 물론 남편 뒷바라지에 소홀함이 없었다. 그동안 몸에도 큰 변화가 있었다. 작은 체구에 흉하게 잡히기 시작하던 뱃살이 쏘옥 빠진 것이다. 그녀의 날렵해진 몸매와 반듯한 자세를 보고서 사람들은 무용을 전공하지 않았느냐는 질문을 하곤 했다. 건강에 자신이 생긴 것은 물론이었다.

남편의 태도는 많이 누그러진 듯했다. 나서서 환영하고 도와준 것은 아니지만 그저 묵묵히 지켜보아 주는 것만도 큰 변화였다. 남편은 과학 교사로서 몇 년 전부터 야생화 연구에 푹 빠져 지냈다. 주말이면 디지털카메라를 들고 지리산으로 부안으로 여기저기 방방곡곡을 쏘다닌다. 그녀는 그런 남편이 늘 자랑스러웠다. 자신의 일에 자긍심을 가지고 그 분야에 전문가가 된다는 것은 얼마나 아름다운가.

하지만 주말이면 도시락을 싸 주고 남편이 나간 현관을 보면서 자랑스러움과 함께 무언가 허전함이 밀려드는 건 어쩔 수 없었다. 그럴 때면 자신도 '내 것이다'라고 내세울 자신만의 세계가 있어야겠다고 생각하곤 했었다. 그래서 댄스 스포츠에 더욱 몰입하게 되었는지도 모른다.

이제 그녀, 학원 수강으로 만족하지 못하고 대학교 부설 사회

교육원에 등록해 수강을 하게 된다. 언젠가부터 그녀처럼 댄스스포츠에 매력을 느끼고 뜻을 같이한 이미경 씨와 한마음이 되어 피나는 연습을 한다. 미경 씨는 시 보건소에 근무하는 공무원이다.

　드디어 지도자 자격증을 땄다. 그 뒤 국내에서 공인하는 자격으로 만족할 수 없어 영국 왕실에서 인정하는 자격에 도전하여 기어이 따고야 만다. 자격증보다도 그 과정에서 자신의 삶을 발견한 것이 그녀에겐 너무도 큰 기쁨이었다. 자격증은 일종의 부산물이었다.

　남원 시내에 조그만 건물 2층을 세내어 학원을 연다. 감당할 수 없을 만큼의 회원들이 북적대기를 기대하지 않는다. 애초부터 전공한 것이 아니었기에 무용과 에어로빅을 전공한 다른 학원의 강사들보다 더 피나는 연습과 노력을 해야 한다는 것을 누구보다 그녀가 잘 알고 있다. 따라서 학원은 그녀 자신의 연습 공간이면서 뜻을 같이하는 지인들과 함께 부지런히 연습하는 공간인 셈이다. 그녀는 자신이 항상 부족하다고 여기며 지금도 주말이면 왕복 세 시간 거리의 군산까지 오가면서 훌륭한 지도자를 찾아가 교습을 받는다.

　평일엔 몇 명 아이들이 등록하여 지도를 받고 있는 터라 아이들의 귀가를 도울 사람이 필요하다. 언젠가부터 아내의 춤에 매료되어 춤을 시작한 남편이 퇴근 후 아이들 귀가를 전담하게 되었다. 편견과 선입견을 가지고 반대만 하던 남편을 댄스 파트너로 만들어 버린 그녀의 집념과 수완에 주위의 지인들 모두 혀를 내두른다. 그녀는 그렇게 당당하고 집요하며 깜찍하고 미워할 구석이 없다. 퇴근 후면 적어도 일주일에 사나흘은 술을 즐기던 그녀의 남편도 어느새 술꾼이 아닌 춤꾼이 되어 버린 것이다.

한편으론 동사무소와 면사무소에서 운영하는 자치 센터에 댄스 스포츠 강사로 나서게 된다. 어느덧 자치 센터에서 운영하는 여러 복지 프로그램에도 댄스 스포츠가 개설된 것이다.

이 지역에서 활동하는 여러 강사들이 있지만 수수하고 붙임성 좋고 인정 많은 그녀는 어디를 가나 인기 폭발이다. 어디나 그렇듯이 농촌 지역에는 대부분 노·장년층만이 남아 있다. 경운기나 트랙터를 몰며 농사짓고 소여물 먹이던 이들인지라, 댄스 스포츠는 우선 몸이 낯설어한다. 그러나 역설적인 것은 문화에서 소외된 농촌 지역의 주민들이 이 낯선 댄스 스포츠에 그 어느 지역 어느 사람들보다 열광한다는 사실이다. 일주일에 두 차례 나가서 두 시간 교습을 하는데 주민들은 교습이 끝나자마자 그 다음 주 교습을 기다린단다.

일하다 말고 시간 되면 깔끔하게 단장하고 오시는 분들이 그녀에겐 여간 소중한 게 아니다. 자신은 거기서 무엇을 가르치는 것이 아니라 늘 배우고 감동을 얻는다고 한다. 한 분 한 분이 춤에 대한 선입견과 두려움을 깨뜨리고 건전한 문화 활동으로 받아들이고, 더구나 나이 드신 분들이 무료한 생활의 탈출구로 춤을 받아들일 때 표현하기 어려운 기쁨을 얻는다고 말한다.

어느 날, 수업 시작 전 할아버지 한 분이 검은 비닐봉지 속에서 번쩍거리는 댄스화를 꺼내더니 서울 사는 아들놈이 보내 준 거라며 자랑을 하더란다. 수줍게 꺼낸 그 물건을 보물처럼 가지런히 놓고 신으실 때 모두 박수로 함성으로 기뻐했는데 그녀는 눈에 눈물이 맺히더란다.

또 어느 날은 왕정동 자치 센터 수업에 웬 멋쟁이 아저씨가 나오셨는데 춤을 꽤나 잘 추는 여자 회원과 함께 손을 잡고 열심히 춤 연습을 하고 있었다고 한다. 남자 분이 회원이 아니어서 궁금해 물었더니 "애인이에요." 하더란다. 그녀가 오히려 얼굴이 붉어져 있는데 하하하 웃더니 "우리 남편이에요." 하며 소개하더란다. 예전에 있었던 발표회에 그 회원의 손에 이끌려 왔다가 부인이 하는 시범도 보고 부부가 팀을 이루어 발표하는 것을 보고선 감동을 받아서 내친김에 배우려 맘을 먹고 왔단다.

냉랭한 중장년 부부들이 자의 반 타의 반 자치 센터에 와서 함께 춤추며 아웅다웅하면서도 화기애애한 웃음을 되찾을 때 그보다 마음 뿌듯한 일도 세상에 없다고 한다.

미선 씨가 지도하고 가르친 댄스 스포츠 팀 가운데 가장 눈물겨운 사람들이 있다. 시 보건소에서 운영하는 정신 장애인 재활 프로그램의 한 부분에 참여하여 춤을 배웠던 정신 장애인 팀이

다. 조증과 울증, 그리고 정신 분열증을 갖고 있는 환우들과 함께 댄스 스포츠를 한다는 것은 아직 경험이 다양하지 않은 그녀에게 벅찬 과제가 아닐 수 없었다. 환우들의 건강과 감정의 변화를 예상할 수도 없고 그분들의 감정 표출 방법 또한 예측을 불허하기 때문이다.

이 프로그램을 기획하고 진행하는 담당자 이미경 씨는 그녀와 함께 오랫동안 댄스 스포츠를 함께해 온 절친한 친구여서 그 친구의 전문적인 조언과 도움이 큰 힘이 됐다. 진도가 잘 나갈 때는 잘 나가다가도 예측 불허의 상황에선 진퇴양난에 빠져 허둥댈 때가 한두 번이 아니었다. 그러나 조금씩 조금씩 마음을 열고 하나하나 작품을 이루어 내며 환우들이 얻어 가는 성취감을 함께 느낄 때 가슴을 가득 메우는 기쁨은 정말 큰 것이었다고 한다.

한 해 한 차례, 가을 무렵 환우들의 작품 발표회가 있다. 손으로 만든 수공예품이며 손수 그린 그림들, 율동과 노래자랑을 풀어 놓는 날이다. 그날은 물론 환우들과 함께 엮은 댄스 스포츠를 발표한다. 환우들의 가족과 관계되는 인사들이 참관한다. 가장 하이라이트는 역시 댄스 스포츠. 얼마나 노심초사하며 작품을 만들어 왔던가. 그녀는 가슴 조이며 무대 앞에서 안무 지도를 한다. 그리고 우려하던 사건 하나 없이 '무사히!' 공연을 마치고 환우들이 성취감에 환호를 지를 때, 그 누구보다 가슴 조이던 가족들이 그녀를 껴안으며 감사의 표현을 해 왔을 때가 그녀는 생에 가장 행복한 순간이었다고 회상한다. 지금도 친구 미경 씨와 함께 정신 장애인 환우들과 춤을 엮고 있다. 이 일이 성공적인 사례로 알려져 임실군에서도 의뢰가 들어와 임실보건소 정신 장애우들에게도 1년여 동안 댄스 스포츠를 가르친다.

댄스 스포츠를 통해 그녀가 느낀 행복과 기쁨은 이루 말할 수 없는 것이다. 그녀가 활동하고 있는 인터넷 카페에 그녀가 쓴 글을 그대로 옮겨 본다.

회원 중 가장 연세가 많으신 65세, 나의 친정엄마 연세의 회원님. 몇 달 전 수줍게 학원 문을 열고 들어오셔서는 "내가 할 수 있을까라우?" 하셨다. 몇 달 하시더니 너무너무 좋다고 하신다. 오다리이던 무릎도 많이 펴지고 특히 무릎 관절은 완전히 나았다고, 그리고 몸이 점차 펴지고 남들 앞에서 자신감이 생긴다고, 보약 먹는 것보다 좋다고 하신다.

평생을 가족을 위해서, 그리고 10년째 투병 중인 남편을 위해 사느라 자신을 위한 인생은 없었던 분. 굳이 말씀하지 않으셔도 난 알 수 있었다. 몸은 잘 안 되지만 언제나 진지하게 수업에 임하시고 18세 소녀같이 깔깔대고 웃으시는 모습들. 그 시간이 그분께는 일상에서 해방되는 그런 시간이리라.

그런 엄마를 위해 딸은 없는 시간 쪼개서 학원에 모셔 오고 수업 끝나면 다시 와서 모셔 가곤 한다. 그분만큼이나 수줍음이 많은 딸은 한 번도 학원에 들어와 보지도 못하고 문밖에서 "엄마!" 하고 부른다. 대부분 차에서 기다리다 시간이 늦을 땐 살짝 문만 열어 보곤 했는데, 어제는 회원들이 없어서인지 망설임 없이 안으로 들어왔다. 나는 반갑게 맞이하고는 "엄마 춤추시는 거 한번 보실래요?" 했다. 딸은 그냥 웃기만 한다. 그런 딸한테 엄마는 보여 주고 싶으신가 보다. "엄마 한번 춰 볼까? 선생님하고 춰 볼게. 한번 봐." 하신다. 난 얼른 음악을 틀고 룸바~ 차차차~ 자이브……. 단 한 사람을 위한 독무대. 많은 관중 앞에서 출 때보다 더 긴장이 된다. 왜일까? 춤은

무르익고 습관처럼 혹시라도 넘어지실까 특히 리드에 신경 쓰면서도 갑자기 몇 해 전 돌아가신 친정엄마가 생각난다. 눈물이 나오려 하는 걸 간신히 참으면서 그 시간만큼은 누구에게도 방해받고 싶지 않은 소중한 시간처럼 여기면서 최선을 다해 세 곡을 마쳤다. 마치 시험이라도 보시듯 진지하고 수줍게 춤추고 계신 그분 모습, 엄마의 춤을 구경하면서 입가에 함박웃음을 짓고 있는 따님의 모습에 가슴이 벅차올랐다. 갑작스럽게 그분의 딸 앞에서 공연을 하게 되었지만 난 늘 이런 시간을 꿈꿔 온 것이 아닐까? 어제에 이어 오늘까지 그 기분으로 행복하고 기쁜 하루였다.

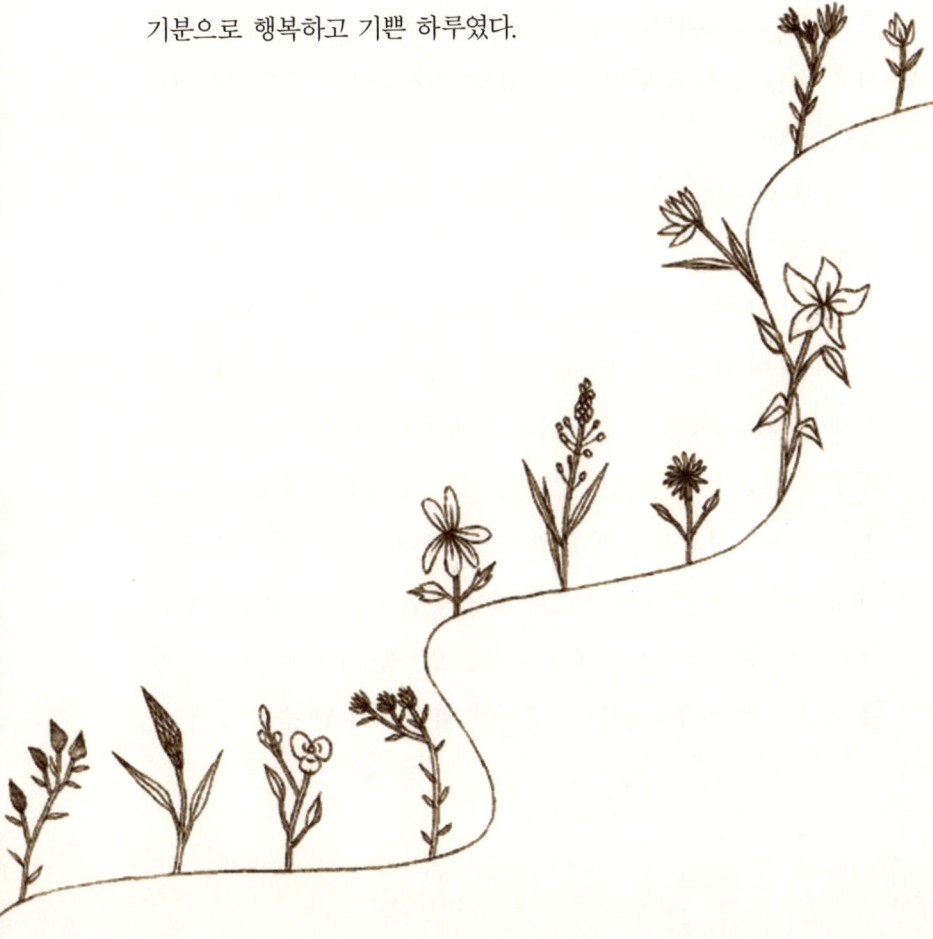

올해부터 그녀가 기획하여 저지르고 있는 일이 또 하나 있다. 댄스 스포츠 봉사 활동이다. 초등학교 4학년인 아들 은산이가 작년부터 엄마에게서 댄스 스포츠를 배웠는데, 앞서 소개한 친구 미경 씨의 동갑내기 딸 승희와 함께 파트너를 이루어 추는 댄스는 이제 여러 학교의 축제나 지역의 문화 행사에서 단골 초청 시범 공연이 될 정도이다. 그 밖에도 몇 명의 초등반 아이들이 그녀에게 춤을 배우는데 그 아이들과 함께 노인 시설, 요양 시설에 주말을 이용하여 봉사 활동을 나가는 것이다. 거동이 불편한 분들, 그리고 소외되고 외로운 노인들 앞에서 어린아이들이 발랄하게 추는 춤은 꽃과 다를 게 있겠는가? 투박한 여수 사투리로 그녀는 말한다.

"그게 뭐 어디 노인 분들만 위하는 일이간디. 그게 다 아그들 교육이제."

댄스 스포츠를 통해서 자신을 발견한 것이 '너무도 기뻐서' 많은 어려움이 앞을 가로막아도 멈출 수 없었다. 이 일이 이제는 지도자로서의 위치와 소명 의식을 갖게 했다. 처음부터 지도자가 되려고 한 일은 아니지만, 할 수 있다면 '살기에 바빠서' 아직 댄스 스포츠를 접하지 못한 많은 사람들에게 이를 보급하는 게 꿈이다. 그리고 춤을 통해 자신의 삶을 실현하고자 노력하는 많은 학생들이 각종 국제 대회에서 우수한 성적을 거둘 수 있도록, 지금 한창 꿈을 키우고 있는 은산이와 미경 씨의 딸 승희도 그 꿈을 이룰 수 있도록 혼신의 힘을 쏟고 싶다. 지난번 동아시안게임에서 처음으로 댄스 스포츠가 등록이 되어 경기를 치렀는데 우리나라는 여기서 금메달을 아쉽게도 1개밖에 못 땄단다. 그녀는 수많은 챔피언을 키우는 지도자가 되고 싶다.

10년, 길게는 15~16년 후 남편은 조그만 야생화 농장을 갖는 게 꿈이다. 그런 남편이 어느 날 말하더란다. 자신의 꿈과 아내의 꿈을 접목시켜 야생화 농장에 아담한 댄스 플로어를 만들고 싶다고, 나는 꽃을 가꾸고 당신은 춤을 가르치며 여생을 살자고. 머지않아 닥칠 고령화 시대를 맞아 노인들이 건강하고 아름다운 인생을 살아갈 수 있도록.

그녀의 당당함과 꿈을 가꿀 줄 아는 고집과 부지런함이 춤처럼 아름답다. 그녀와 그녀의 남편은 늙어서도 들꽃처럼 아름다울 것이다.

복효근

1962년 전북 남원에서 태어났다. 1991년 《시와시학》을 통해 시인으로 등단했다. 시집으로 《당신이 슬플 때 나는 사랑한다》, 《버마재비 사랑》, 《새에 대한 반성문》, 《누우떼가 강을 건너는 법》, 《목련꽃 브라자》, 《마늘촛불》 등이 있다. 지리산 아래 살면서 중학교에서 아이들을 가르치고 있다.